그림으로 보는
중세 유럽 역사

KB123894

생각의집

암흑시대였던 중세 유럽의 판타지

중세유럽이란

빛을 비춰야 하는 시대

현대 일본에서 중세유럽이라고 하면 기사와 마법사, 드래곤, 성배, 연금술 등 만화와 애니메이션, 게임에 등장하는 판타지 아이콘의 보고를 떠올리는 사람이 많다. 하지만 역사적으로 중세는 '암흑시대'였다.

중세란 명칭은 이미 르네상스기인 1600년대에 확립되어 고전문화 시대와 고전문화가 부활한 시대의 중간 시대란 뜻으로 쓰였다. 요컨대, 고대그리스와 로마의 우수한 고전문화가 유실되었던 틈새 시대로 볼 수 있는 것이다.

또 18세기 서구에서 일어나 시민혁명으로 결실을 맺은 계몽사상은 중세의 기독교적 세계관에서 탈피하여 이성을 통해 인간과 사회, 자연, 세계의 진실을 규명하려 했던 사상이다. 영어로는 '빛을 비추다'라는 뜻에서 유래한 'Enlightenment'를 쓴다. 다시 말해, 기독교를 비판적으로 바라봤던 계몽사상은 기독교의 지배를 받던 중세를 빛을 비춰야 하는 암흑시대로 인식했던 것이다.

암흑 속에서 태어난 문화

실제로 중세유럽도 게르만인의 대이동이라는 혼란 속에서 시작되어 이슬람세력의 압박과 노르만인(바이킹), 마자르인(우랄산맥 주변 출신 민족)의 침입, 몽골제국의 확대 등 전반기에는 이민족의 침입과 이교도의 위협에 시달리던 불안정한 사회였다. 현대 유럽은 발언권이 세고 영향력이 있는 국가가 모여 있는 지역이지만 중세에는 외세의 침략에 벌벌 떠는 변방국가에 불과했다.

과학기술 등의 문명도 그리스와 로마의 고전·고대문화를 이어받은 비잔틴(동로마)제국과 이슬람 세계에 뒤처지는 상황을 좀처럼 벗어나지 못했다. 그리고 14세기에는 기아와 흑사병(페스트)의 대유행으로 인구가 급감하는 정체기를 맞이한다. 실로 암흑이란 이름에 걸맞은 시대였던 것이다.

그곳에 사는 사람들은 언제 찾아올지 모를 죽음과 이웃하는 상황에서 기독교 가르침에서 영혼의 안식을 구했다. 동시에 예로부터 내려온 신화와 전승을 잘 융합하여 독특한 문화를 형성했다. 이렇게 암흑시대이기에 탄생된 문화는 근대 이후에 유럽 나라들이 세계의 패권을 쥐는 과정에서 각지로 퍼져나가며 판타지 세계의 뿌리가 됐다.

시대적 범위

중세란 서양사의 시대구분으로 고대와 근대(혹은 근세) 사이에 위치한다. 연대로 보면 4~5세기에서 15세기까지이고, 역사적 사건으로 보자면 동서로 분열된 로마제국(395년)이나 서로마제국의 멸망(476년)을 초기, 동로마제국의 멸망(1453년)을 말기로 보는 견해가 많다.

또 1000여년 간 지속된 이 시기를 5~10세기인 중세 초기, 11~13세기인 중세 전성기, 14~15세기인 중세 후기로 크게 세 기간으로 나누기도 한다.

중세 초기에는 게르만인의 대이동이라는 혼란

과 전화 속에서 구원을 바라는 사람에게 기독교가 침투하던 시대다. 또 지배층이 된 게르만계 영주들은 더 강대한 세력의 비호를 받으며 안전을 확보하고 봉건제도를 확립했다.

중세 전성기는 노르만인 등의 침입이 진정되고 삼포제농법과 무거운 쟁기의 도입으로 생산량이 증대하는 농업혁명을 맞이하던 시대다. 이 무렵, 십자군 정복 등으로 교황권은 최고 전성기를 맞이한다.

중세후기는 부패한 교회의 권위가 땅에 떨어지는 동시에 봉건영주들이 몰락하고 그와 반비례하듯이 왕권이 강화되며 절대왕정이 대두되는 시대다.

공간적 범위

유럽의 북·서·남은 각각 북극해, 북해, 대서양, 지중해에 둘러싸여 있는데, 동쪽으로는 우랄산맥을 분수령으로 하여 카스피해, 북해로 이어지고, 지중해 쪽으로는 보스포루스 다르다넬스 해협을 경계로 아시아와 면하고 있다.

이 책에서는 주로 로마가톨릭교회의 영향을 받은 서유럽을 대상으로 하며 폴란드, 헝가리 주변부와 서쪽, 특히 신성로마제국(독일), 프랑스, 이탈리아, 영국이 내용의 중심이 된다.

[민족의 대이동]

← 게르만인의 이동경로
■ 노르만인(바이킹)의 본거지
■ 노르만인이 점거한 땅
← 노르만인의 침입경로
← 마자르인의 침입경로
■ 이슬람 국가
← 이슬람 세력

[기독교 동서교회의 분포]

차례

6 중세유럽 연표

7 제1장
중세유럽을 빛낸 영웅들

8 아서왕
10 원탁의 기사
12 카를 대제(샤를마뉴)
14 샤를마뉴의 12명의 용장
16 빌헬름 텔
18 윌리엄 월레스
20 로빈 후드
22 잔 다르크
24 유스티니아누스
26 클로비스
28 그레고리오 7세
30 리처드 1세
32 엘 시드
34 마르코 폴로
36 템플기사단
38 칼럼 중세왕후귀족의 별명

39 제2장
중세 유럽을 장식한 신화와 전승

40 오딘
42 로키
44 라그나로크
46 발키리
48 멜뤼진
50 하멜른의 피리 부는 사나이
52 성 게오르기우스
54 프레스터 존
56 교황 요안나
58 7대 천사

60 타락천사
62 사바트(안식일)
64 성배전설
66 연금술과 현자의 돌
68 지크프리트
70 파우스트 박사
72 칼럼 현대로 이어지는 판타지의 계보

73 제3장
중세유럽의 농촌

74 중세 농촌의 성립
76 농촌의 형태
78 농촌의 주거
80 농민의 생활
82 중세의 농작물
84 물레방앗간과 바날리테
86 중세의 식사
88 중세의 목축
90 중세의 숲
92 농촌의 직업
94 농촌의 축제
96 중세의 혼인
98 중세의 세제
100 칼럼 교회와 수도원이 알려준 중세의 시간

101 제4장
중세 유럽의 도시

102 도시의 성립
104 중세도시의 모습
106 도시의 주거
108 도시의 정치와 주민
110 중세의 상인

112 중세의 통화와 화폐가치
114 중세의 시장
116 중세의 의복
118 중세의 장인
120 길드의 성립
122 중세의 교통
124 중세의 정보전달
126 중세의 재해
128 흑사병
130 칼럼 중세의 의술

131 제5장
중세의 기독교회

132 가톨릭과 정교회
134 교회의 조직과 직무
136 교회의 시설
138 중세 유럽의 세계유산 ① 대성당
140 성직자의 생활
142 수도원 시설
144 중세 유럽의 세계유산 ② 수도원
146 수도사의 생활
148 수도회의 종류
150 중세의 성인들
152 성지와 순례
154 이단과 파문
156 중세의 형벌
158 십자군 원정
160 중세의 문예
162 중세의 학문
164 칼럼 중세의 세계관

165 제6장 중세
유럽의 국왕과 영주

166 봉건사회의 성립

168 왕권의 신장
170 성채의 시설
172 중세 유럽의 세계유산 ③ 성채
174 왕궁에 사는 사람들
176 귀족과 계급
178 왕후귀족의 문장
180 왕궁의 생활
182 중세의 전쟁
184 중세의 기사
186 중세의 용병
188 중세의 무기
190 칼럼 중세의 발명

191 제7장
중세의 환상 속 동물과 괴물

192 드래곤
194 가고일
196 유니콘
198 크라켄
200 골렘
201 바실리스크
202 인어
204 인랑
206 엘프
208 트롤
210 고블린
211 오거
212 난쟁이
213 오베론
214 둘러한
215 코볼트
216 요르문간드
218 그리폰
219 만티코어
220 그리스신화의 신과 환상의 동물들

중세유럽 연표

상하수도 시설이 갖춰진 거대 도시를 건설한 로마제국이 멸망하자 유럽의 시곗바늘은 거꾸로 돌아간 듯이 보였다. 이후로 약 1000년 동안 유럽은 '중세유럽'이란 암흑 시대에 돌입한다. 이 시기에 유럽은 좁은 세계에 안에서만 지내다가 15세기에 접어들면 껍질을 깨고 바다로 진출하여 현대 유럽으로 이어지는 패권국가로 새로 태어난다.

유럽

395년	로마제국의 분열
476년	서로마제국 멸망
481년	메로빙거 왕조 프랑크 왕국 성립(26쪽)
732년	투르 푸아티에 전투
751년	카롤링거 왕조 프랑크 왕국 성립
800년	카를 대제(12쪽)가 로마황제에 즉위
843년	베르됭 조약으로 프랑크 왕국이 분열
911년	노르만인 롤로가 노르만디공이 되다
962년	오토 1세의 즉위로 신성로마제국 성립
987년	카페왕조 프랑스 왕국 성립
1054년	동서교회 분열(132쪽)
1066년	노르만 정복(Norman Conquest)
1077년	카노사의 굴욕(29쪽)
1096년	십자군 원정 개시(158쪽)
1198년	인노첸시오 3세 로마교황으로 즉위
1209년	알비주아 십자군(154쪽)
1241년	발슈타트 전투(몽골군 승리)
1291년	아크레 함락(아크레 공방전), 십자군전쟁 종결
1295년	마르코폴로가 귀국
1303년	아나니 사건(169쪽)
1309년	교황의 바빌론 유수(아비뇽 유수)
1339년	백년전쟁 발발
1347년	흑사병이 대유행(128쪽)
1358년	자크리의 난
1378년	교회 대분열(132쪽, 169쪽)
1381년	와트 타일러의 난
1431년	잔다르크 처형(22쪽)
1453년	비잔틴(동로마) 제국 멸망
1455년	장미전쟁 발발
1492년	그라나다 함락으로 레콩키스타 종료
1494년	프랑스가 이탈리아를 침략(이탈리아 전쟁)

1

중세유럽을 빛낸
영웅들

King Arthur

아서왕

브리튼 섬에 전해 내려오는 전설의 왕

◆◆◆

지위 : 브리튼 왕   아버지 : 우서 펜드래곤   어머니 : 이그레인   자녀 : 모드레드
후계자 : 가웨인의 활약상을 그린 이야기가 후세에 남아있다.

브리튼 왕 우서 펜드래곤의 사생아로 태어난 아서는 우서의 요청으로 마술사 멀린의 손에서 자란다. 아서가 열다섯 살이 되던 해, 진정한 왕만이 뽑을 수 있다고 알려진 전설의 검 '엑스칼리버'를 바위에서 뽑고 죽은 우서의 뒤를 이어 왕위에 오른다. 그 뒤, 기네비어를 왕비로 맞이한 아서왕은 원탁의 기사를 휘하에 두고 서유럽을 지배하는 거대 왕국을 건설한다.

하지만 원탁의 기사이자 둘도 없는 벗이었던 란슬롯이 기네비어와 몰래 정을 통하다 발각된다. 이 사실이 귀에 들어가자 아서는 아버지가 다른 누이에게서 낳은 아들 모드레드에게 브리튼을 맡기고 란슬롯이 있는 프랑스로 군대를 이끌고 진군한다. 그러자 모드레드는 기다렸다는 듯이 왕위를 노리고 모반을 일으킨다. 아서왕은 서둘러 브리튼으로 귀환하여, 기네비어 왕비를 억지로 자신의 비로 삼으려는 모드레드를 무찌른다. 하지만 그 사이 아서왕 자신도 중상을 입고, 상처를 치료하기 위해 조각배를 타고 아발론 섬으로 떠난다. 아서왕이 없는 브리튼 왕국은 결국 힘을 잃고 쇠락의 길을 걷는다.

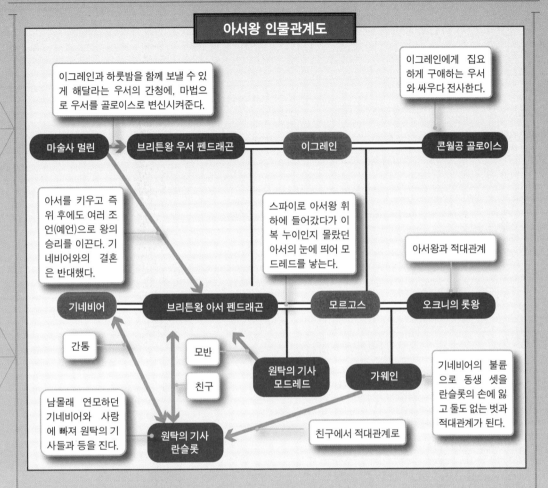

아서왕 인물관계도

이그레인과 하룻밤을 함께 보낼 수 있게 해달라는 우서의 간청에, 마법으로 우서를 골로이스로 변신시켜준다.

이그레인에게 집요하게 구애하는 우서와 싸우다 전사한다.

마술사 멀린 → 브리튼왕 우서 펜드래곤 ─ 이그레인 ─ 콘월공 골로이스

아서를 키우고 즉위 후에도 여러 조언(예언)으로 왕의 승리를 이끈다. 기네비어와의 결혼은 반대했다.

스파이로 아서왕 휘하에 들어갔다가 이복 누이인지 몰랐던 아서의 눈에 띄어 모드레드를 낳는다.

아서왕과 적대관계

기네비어 ─ 브리튼왕 아서 펜드래곤 ─ 모르고스 ─ 오크니의 롯왕

간통

모반

친구

원탁의 기사 모드레드

가웨인

기네비어의 불륜으로 동생 셋을 란슬롯의 손에 잃고 둘도 없는 벗과 적대관계가 된다.

남몰래 연모하던 기네비어와 사랑에 빠져 원탁의 기사들과 등을 진다.

원탁의 기사 란슬롯

친구에서 적대관계로

★ 다양하게 변주되는 이야기

8세기 말의 역사서 《브리튼사》에는 6세기에 아서라는 이름의 켈트인 무장이 브리튼섬에 침입한 게르만계 색슨인을 쫓아냈다고 기록되어 있다. 하지만 결국 켈트인의 문화는 앵글로색슨인의 손에 멸망했는데 이후로 국가부흥을 꿈꾸는 켈트인 사이에서 '아서'란 이름은 전설이자 영웅이 되었다.

12세기에 몬머스의 제프리(Geoffrey of Monmouth)가 쓴 역사이야기 《브리튼 열왕사》에는 마술사 멀린과 왕비 기네비어, 모드레드, 성검 엑스칼리버 등이 등장하는데 이것이 아서왕전설의 원형으로 꼽힌다.

같은 12세기 중엽에는 프랑스 시인 크레티앵 드 트루아(Chrétien de Troyes)가 란슬롯과 성배전설(64쪽), 원탁의 기사(10쪽) 등의 살을 붙인다.

이후에도 여러 갈래로 발전된 전설은 15세기 영국 작가 토마스 멜러리(Sir Thomas Malory)가 쓴 《아서왕의 죽음Morte d'Arthur》으로 집대성되어 오늘에 이른다. 그렇다고 이야기가 통일된 건 아니다. 엑스칼리버는 바위에서 뽑힌 검이 아니라 호수의 요정에게 받았다는 버전을 비롯하여 원탁의 기사가 12명에서 150명, 300명이 나오는 버전까지 다양하게 존재한다.

Knights of
the Round Table

원탁의 기사

아서왕을 섬긴 전설의 기사단

　　아서왕의 전설은 용맹한 왕과 그 왕을 따르는 영웅들의 활약상을 그린 이야기다. 아서왕과 영웅들이 앉아있는 원탁은 평등의 상징이자 봉건적 신분사회에서는 현실적으로 실현 불가능한 꿈의 통치체제로서 아서왕을 이상화하는데 한몫했다고 여긴다.

　　원탁의 기사단이 몇 명이고 그 면면이 누구인지는 전승마다 다르다. 기록에 나오지 않은 인물들도 많은데 란슬롯, 가웨인, 퍼시발, 트리스탄, 모드레드와 같은 중심인물은 거의 모든 전승에 공통적으로 등장한다.

　　처음 기사단이 생겼을 때는 아서왕을 위해 전장에 나가 몸을 바쳐 싸우는 것이 이들의 주된 임무였다. 하지만 나중에 가면 성배를 찾는 것이 이들의 사명이 된다. 12세기 중반, 처음 등장한 이후로 아서왕과 기사단의 이야기는 사람들의 입에서 입으로 전해지며 오늘에 이른다.

★ 트리스탄과 이졸데의 비극적 이야기가 유명하다. 콘월왕 마크는 트리스탄을 아일랜드로 보내 아일랜드공주 이졸데를 왕비로 모셔오라고 명한다. 하지만 돌아오는 길에 두 사람은 사랑에 빠진다. 그 뒤, 트리스탄은 다른 이졸데(흰 손의 이졸데)와 결혼하지만 왕비인 금발의 이졸데를 잊지 못한다. 어느 날, 치명적인 상처를 입은 트리스탄은 상처를 치유하는 힘을 가진 금발의 이졸데를 애타게 찾는다. 하지만 '그녀는 오지 않는다'고 거짓말 한 흰 손의 이졸데에게 속아 절망 속에서 숨을 거둔다. 트리스탄이 숨진 직후에 도착한 금발의 이졸데도 트리스탄을 품에 안고 따라 숨을 거둔다.

★ 《로망스의 서(The Book of Romance, 1902)》에 그려진 란슬롯과 성배
성배(64쪽)는 온갖 질병과 아픈 곳을 치유하는 힘이 있었지만 불성실한 자에게는 벌을 내렸다고 한다. 란슬롯은 결국 성배를 찾아내지만 성배를 보기 직전, 쓰러졌다는 이야기가 있다. 란슬롯은 주군 아서의 아내와 허락받지 못한 관계에 있었기 때문이다.

★ 《트리스탄과 이졸데》(1912) 스페인의 화가 로헬리오 드 에구스키사(Rogelio de Egusquiza)의 작품

☆ 주요 원탁의 기사

★ 란슬롯
호수의 요정 손에 자랐다고 한다. 무도수행 도중에 아서왕과 만나 신하로서 충성을 맹세한다. 무예실력으로는 따라올 자가 없어 수많은 결투에서 지지 않았다는 일화를 남겼다. 기사로서의 행동거지도 나무랄 데가 없었다. 하지만 왕비 기네비어와 불륜을 저지르고 기네비어를 구하기 위해 수많은 원탁의 기사를 죽인다. 결국 아서왕의 죽음에 책임을 느끼고 속세를 떠나 종교에 귀의한다.

★ 퍼시발
기사와는 연이 없는 환경에서 자랐으나 웨일즈 숲에서 만난 기사들에 반해 아서왕 휘하로 들어가 기사가 된다. 창의 명수로 란슬롯에 견줄 만한 기량의 소유자다. 원탁의 기사로서 사명이기도 한 성배찾기에 나서 한 번은 실패하였으나 갈라하드, 보어스와 함께 끝내 성배를 찾는데 성공한다.

★ 모드레드
가웨인과는 아버지가 다른 형제다. 원래는 아서와 모르고스가 정을 통하여 낳은 자식이지만 조카로 여기고 모드레드를 신뢰한다. 아서가 란슬롯을 토벌하려고 프랑스로 진군하자 쿠데타를 일으키고 런던탑에 갇혀있는 기네비어를 찾아가 자신의 왕비가 되라고 요구한다. 급거 귀환한 아서와 일대일로 겨루다 죽음을 맞이한다. 이때 아서도 치명적인 중상을 입는다.

★ 가웨인
오크니의 롯왕과 아서의 아버지가 다른 누이 모르고스가 낳은 아들. 아서의 조카로 남동생 아그라베인, 가헤리스, 개리스도 원탁의 기사다. 기사도 정신을 시험하는 《녹색의 기사》에서는 시련을 극복해가는 모습을 보여준다. 란슬롯과 결투하다 다친 곳을 치료하지 못하고 모드레드와 싸우다 전사한다.

★ 갈라하드
마법으로 기네비어로 변신한 일레인과 란슬롯 사이에서 태어났다. 자라서 아버지 못지않은 기사로 성장한다. 저주에도 아랑곳 않고 비어있던 원탁의 자리 중 '위험한 자리'에 앉아 원탁의 기사가 된다. 성배를 찾는데 성공하고 가장 순수한 기사로서 하늘의 부름을 받는다.

★ 그 외의 원탁의 기사
트리스탄 …… 이졸데와의 비극적 사랑 이야기로 유명하다.
케이 …… 아서의 의형(젖형제)
베디비어 …… 아서의 명령으로 엑스칼리버를 호수의 요정에게 반환한다.
보어스 …… 퍼시발, 갈라하드와 함께 성배를 찾은 기사.

Charles the Great

카를 대제 (샤를마뉴)

전설로 전해 내려오는 '유럽의 아버지'

◆◆◆

지위 : 프랑크왕(재위 768~814년)　아버지 : 피핀 3세　어머니 : 베르트라다(다른 설도 있다)
자녀 : 피핀, 루트비히 1세 외　후계자 : 루트비히 1세

카를 대제는 위대한 왕이지만 과오도 많다. 그 중에서도, 최대의 실수는 롤랑이나 올리비에 같은 유능한 신하의 충고를 듣지 않고 배신자 가늘롱을 신뢰한 것이다.

스페인에서 싸우던 사라센인(이슬람교도)이 강화를 맺자고 제안했을 때, 사자로 간 가늘롱은 롤랑군을 제거하기로 마음먹고 사라센인을 부추겨 롤랑군을 토벌하려 한다. 강화를 맺은 기념으로 공물을 받으러 왔다가 졸지에 함정에 빠진 롤랑군은 롱스보 고개에서 대군에 포위된다. 역전의 용사인 롤랑군은 있는 힘을 다해 싸우지만 열세를 이기지 못하고 한 명, 한 명 전장에서 스러져간다. 그리고 롤랑은 둘도 없는 벗 올리비에마저 잃자 본진을 향해 원군을 요청하는 뿔피리를 분다. 그 소리를 들은 카를 대제는 서둘러 달려가지만 롤랑은 이미 자신이 아끼는 검 뒤랑달을 십자가처럼 품에 안고 숨을 거둔 뒤였다. 후회로 울부짖던 카를 대제는 대군을 이끌고 사라센의 수도 사라고사로 쳐들어가 시가지를 불태우고 가늘롱을 처형한 뒤에 그의 몸을 갈기갈기 찢어 죽인다.

[카를 대제 관련 연표]
[768] 프랑크왕에 즉위
[772] 작센인 정복을 개시
[774] 랑고바르드 왕국을 정복
[778] 후우마이야조(현재의 스페인 남부에 있던 이슬람세력)와 전투
　　　 롱스보 전투(피레네산맥 안 바스크인 세력과 전투)
[788] 바이에른공국을 병합
[791] 슬라브인, 아바르인을 제압
[795] 스페인 변경에 백작령을 설치
[800] 서로마황제에 즉위
[804] 작센인 정복에 성공

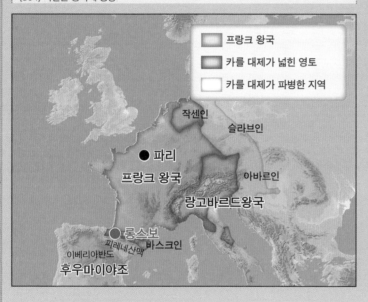

프랑크 왕국
카를 대제가 넓힌 영토
카를 대제가 파병한 지역

작센인
슬라브인
● 파리
프랑크 왕국
아바르인
랑고바르드왕국
◐ 롱스보
피레네산맥　바스크인
이베리아반도
후우마이야조

ROLAND AT THE BATTLE OF RONCESVALLES.

★ 〈롱스보 전투의 롤랑Roland at the Battle of Roncesvalles〉에 묘사된 롤랑
루이 펠릭스(Louis Felix, 1843-1907)의 에칭화. 말에 올라탄 롤랑이 뿔피리를 불고 있다

★ 실제로 일어난 롱스보 전투

카를 대제(샤를마뉴)는 실존했던 인물이다. 독실한 기독교 신자로서 아직 교화되지 않은 색슨인과 이슬람 교세력과 싸워서 프랑크 왕국의 영토를 확장했다. 800년에는 교황 레오 3세에게 서로마황제로 인정받는다. 또 고전문화와 교육에 관해 연구하는 문교정책을 추진하여 '카롤링거 르네상스'라 불리는 문화의 융성기를 이룩했다.

샤를마뉴의 전설은 이러한 빛나는 공적을 토대로 만들어졌다. 영국의 아서왕 전설에 대항이라도 하려는 듯, '왕과 그 왕을 보필하는 기독교적 기사도 정신을 지닌 신하들'이라는 체제를 그대로 답습했다. 또 전설 속

샤를마뉴는 배신자를 믿다가 수많은 중신을 잃고, 아들 샤를을 총애한 나머지 복심을 추방하는 등 역사서에 나오는 위대한 군주로서의 모습과는 거리가 멀다. 그래서 샤를마뉴보다는 롤랑이나 올리비에, 리날도라는 12명의 용장의 활약이 전설의 주요 내용이 된다.

한편, 롱스보 전투는 실제로 있었다. 이베리아반도에 출병했다 귀환하는 도중에 왕국군의 후방을 맡고 있던 브리타니의 변경백이자 중신인 롤랑의 군대가 전멸당한다. 롤랑의 군대를 습격한 것은 이슬람세력이 아니라 원정 도중, 왕국군에 의해 수도가 파괴되어 복수에 불탄 바스크인 군대였다.

샤를마뉴의 12명의 용장

Paladins Of Charlemagne

대제를 섬기던 성기사(파라딘)들

어느 날 샤를마뉴가 개최한 축제에, 절세 미녀 안젤리카와 동생 기사 아르갈리아가 나타난다. 그녀는 "동생과 창시합을 해서 이기면 승리한 기념으로 저를 가지세요. 단 동생이 이기면 저희의 포로가 되어주세요"라고 말한다. 두 사람은 카타이(중국의 옛 이름)에서 샤를마뉴를 파멸시키기 위해 파견된 스파이다. 아르갈리아의 창은 닿는 건 무엇이든 무찔러 쓰러트리는 마력이 있었고 안젤리카의 반지에는 온갖 마법을 막아내는 힘이 있었다.

그것도 모르고 롤랑과 리날도, 아스톨포를 비롯한 12명의 용장들은 앞 다투어 창시합이 열리는 숲으로 달려간다. 하지만 숲에 도착해서 샘물을 마신 리날도는 순식간에 안젤리카에 대한 마음이 식어버린다. 연정을 사라지게 하는 마법에 걸린 것이다. 한편 또 다른 샘물에는 정반대의 마법이 걸려 있었는데 우연히도 그 물을 마신 안젤리카는 순식간에 리날도와 사랑에 빠진다. 하지만 리날도는 그녀에게 눈길도 주지 않고 숲에서 빠져나간다.

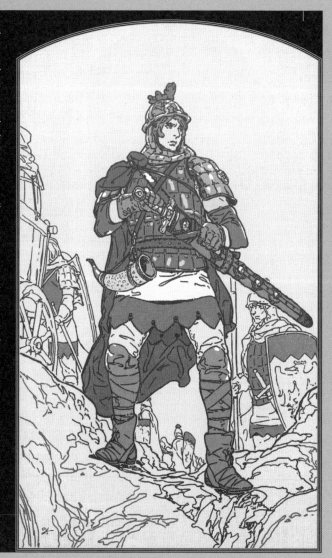

✸ 12명의 주요 용장

✭ 롤랑 (Roland)
롤랑은 프랑스식 발음이고 이탈리아어로는 오를란도라고 한다. 샤를마뉴 여동생의 아들(조카)로 성검 뒤랑달을 다루는 12명 용장들의 수장이다. 사랑하는 안젤리카가 사라센인의 아내가 되었다는 소식을 듣고 반미치광이가 되는 등 격정적인 성격의 소유자이기도 하다. 롱스보 고개의 격전에서 전사한다.

✭ 올리비에 (Olivier)
롤랑의 소꿉친구. 롱스보 고개의 전투에서도 롤랑과 함께 분전했으나 일찌감치 전사한다.

✭ 리날도((Rinaldo, 레이놀드, 레이놀디)
샤를마뉴의 조카이자 롤랑의 사촌. 샤를마뉴의 아들 샤를의 노여움을 사서 추방당한 뒤 애마 바야드마저 죽자 세상을 등지고 종교에 귀의한다. 죽은 뒤에는 도르트문트의 수호자로서 성 레이놀드 교회에서 그를 기린다.

✭ 아스톨포 (Astolfo)
잉글랜드왕의 아들. 우연히 아르갈리아의 마법의 창을 손에 넣어 창의 명수로 활약했다. 실연으로 반미치광이가 된 롤랑을 보고 이성을 되찾는 비약을 구하러 달에 간다. 덕분에 롤랑은 정신을 차린다.

✭ 브라다만테 (Bradamante)
리날도의 여동생으로 여전사다. 아스톨포가 입수했던 아르가리아의 마법의 창을 손에 넣고 전투에서 눈부시게 활약한다. 사라센인 용사 로제로와 사랑에 빠지지만 부모가 반대하며 신랑감으로 다른 사람을 추천하자, 자신과 싸워서 이긴 사람과 결혼하겠다고 선언. 로제로가 보란 듯이 승리하자 두 사람은 결혼한다.

✭ 말라지지 (Malagigi)
리날도의 사촌으로 마법사다. 요정 오리안도의 손에 자라 강력한 마법의 힘을 길렀다. 그도 안젤리카에게 마음을 빼앗긴다. 리날도가 명마 바야드를 손에 넣을 수 있게 도와준다.

✭ 가늘롱 (Ganelon)
롤랑의 어머니와 재혼한다. 샤를마뉴와 나이가 비슷하여 깍듯이 모셨으나 12명의 용장을 위험에 빠트리는 등 배신자로서 미움을 산다. 그는 자신을 우습게 여기는 롤랑을 눈엣가시처럼 여기고 롱스보 전투에서 롤랑군을 몰살시킨다. 이것이 원인이 되어 훗날 처형당한다.

✭ 성 레이놀드 교회
독일 서부 도르트문트에 세워진 리날도(레이놀드)를 기리는 교회. 1250~1270년에 건조되었다.

✭ 롤랑의 죽음을 슬퍼하는 샤를마뉴(카를 대제)
장 푸케(Jean Fouquet, 1420-1481)의 회화. 롱스보 고개의 전투를 주제로 그렸다. 롤랑은 그리스신화의 영웅이자 최강의 전사인 헥토르가 아끼던 성검이었던 뒤랑달을 자유자재로 다루던 일기당천의 무장이었다. 안젤리카에 대한 열렬한 사랑과 용맹함으로 중세 유럽의 영웅이 되었다.

William Tell

빌헬름 텔

스위스의 정신적 지주가 된 남자

◆◆◆

지위 : 궁사   아버지 : 알려지지 않았다   어머니 : 알려지지 않았다   자녀 : 알려지지 않았다

1307년 11월, 합스부르크가(오스트리아공국)에서 파견 나온 대관 게슬러는 광장에 황제의 권위를 상징하는 모자를 세워놓고 길가는 자들에게 경례를 시켰다. 활의 명인이자 사냥꾼인 빌헬름 텔이 이를 무시하고 지나가자, 빌헬름 텔을 체포하고 벌로 아들의 머리 위에 올린 사과를 쏘아 맞추라고 명한다. 명령에 따를 수밖에 없었던 빌헬름 텔은 두 대의 화살을 허리춤에 꺼놓고 이중 한 대의 시위를 당겼다. 빌헬름 텔의 손에서 나간 화살은 곧장 날아가서 보란 듯이 사과를 명중시킨다. 우레와 같은 박수가 쏟아지고 게슬러가 빌헬름 텔에게 왜 두 대의 화살을 벨트에 껴 넣었느냐고 묻자, 빌헬름 텔은 "아들이 화살에 맞아 다치면 나머지 한 발로 네 놈의 심장을 쏘아 맞추려고 했다"고 대답한다.

🌟 타도 합스부르크가의 상징

그 뒤, 체면을 구긴 게슬러는 빌헬름 텔을 감옥에 가두지만 경비가 허술해진 틈에 도망치는데 성공하고 두 대의 화살로 게슬러를 암살한다. 이 사건을 계기로 스위스의 민중은 합스부르크가의 지배에 저항하는 반란을 일으키고 모르가르텐 전투에서 합스부르크가 군대를 무찌르고 승리한다.

이를 뒷받침할 만한 문헌자료는 없지만 스위스인 대부분은 건국의 영웅 빌헬름 텔이 실제로 존재했다고 믿는다. 실제로 합스부르크가가 스위스 건국을 가로막았기 때문이다.

현재의 스위스 북부에서 탄생한 합스부르크가는 교통의 요충지였던 스위스를 지배하려고 호시탐탐 노리고 있었다. 이를 막은 것이 스위스 모든 주에 자유와 자치(제국의 자유)를 허용한 신성로마황제다. 그런데 1273년, 합스부르크가의 루돌프 1세가 절묘한 외교전략으로 신성로마황제로 선출된다. 비호세력의 수장이 적대자가 됨으로써 위기감이 강해진 스위스에서는 빌헬름 텔의 출신지인 우리에 더해, 슈비츠, 운터발덴(현제의 니트발덴과 옵발덴)의 세 주가 원초삼국동맹을 맺는다. 그리고 1315년, 무력으로 제압하려는 합스부르크가를 모르가르텐 전투에서 무찔렀다.

출생지 스위스에서 쫓겨난 합스부르크가는 이후에 오스트리아를 중심으로 세력을 넓히고 '합스부르크제국'을 세운다.

[중세 스위스 연표]
[1231] 신성로마제국이 우리 등에 자치권을 부여
[1273] 합스부르크가의 루돌프 1세가 신성로마황제에 즉위
[1291] 8월 1일에 세 주가 원시동맹을 맺는다
　　　　스위스에서는 이 날이 건국기념일
[1307] 빌헬름 텔이 대관을 암살?
[1315] 모르가르텐 전투에서 원초삼국동맹이 승리
[1353] 루체른, 취리히, 베른 등이 합류하여 8주의 동맹이 성립
[1388] 네펠스 전투에서 동맹을 맺은 8주가 합스부르크에 승리

★ 합스부르크가는 독일과 프랑스 등 유럽 북부와 남부의 이탈리아를 잇는 교통의 요지였던 스위스를 지배하기 위해 신성로마제국군을 남하시킨다. 한편 전력이 달리는 스위스군은 지정학적 이점을 살리려고 모르가르텐산에 포진한다. 제국군이 에게리호수의 남쪽에 있는 좁은 계곡에 들어선 순간, 산중턱에서 바위와 큰 나무를 떨어트리며 기습 공격을 감행하여 제국군을 물리쳤다.

William Wallace

윌리엄 월레스

스코틀랜드의 수호자

◆◆◆

지위 : 스코틀랜드 기사   아버지 : 말콤 월레스(전승)   어머니 : 알려지지 않았다
자녀 : 알려지지 않았다   후계자 : 로버트 브루스(로버트 1세)

13세기 말 스코틀랜드는 잉글랜드의 침략을 받았고 민중은 압정에 신음하고 있었다.

1297년 5월, 스코틀랜드 남부 래너크 주의 장관인 잉글랜드인 헤셀릭이 윌리엄 월레스의 연인 마리온을 죽인다. 마리온이 헤셀릭의 아들의 구애를 거절했기 때문이라고 한다. 복수심에 불타오른 월레스는 헤셀릭을 죽이자 이후로 스코틀랜드 민중이 월레스에게 모이면서 대규모의 저항운동으로 발전한다. 여기에 맞서 잉글랜드는 진압군을 파견하고, 같은 해 9월, 양군은 스털링에서 격돌한다. 잉글랜드군 약 2만 명에 반란군은 고작 7000여명. 월레스는 열세를 만회하기 위해 피아를 가르는 포스강 다리에 주목한다. 군마 두 필이 겨우 지나갈 만한 비좁은 다리를 잉글랜드군 선봉대가 건너기를 기다렸다가 창의 정예부대를 이끌고 다리 기슭으로 돌격한 것이다. 후속부대와의 연락이 끊어진 잉글랜드군은 대혼란에 빠지고 오천 명이 넘는 전사자를 내며 대패한다.

★ 잉글랜드에 저항을 계속한다

스코틀랜드의 영웅 윌리엄 월레스는 실존 인물이다. 연인 마리온이 살해당했다는 이야기는 후세의 각색일 가능성이 있지만, 그 외의 줄거리는 역사적으로 거의 사실이다. 잉글랜드 군에 대승한 후, 월레스는 전공자인 에드워드 1세가 이끄는 잉글랜드군에 폴커크 전투에서 패하고, 실질적인 집정관인 스코틀랜드 수호자(가디언 오브 스코틀랜드)를 그만뒀다. 이후 프랑스와 이탈리아로 건너가 대 잉글랜드 저항운동을 지원했다고 한다.

그 사이에 잉글랜드는 진군을 계속하고 1303년에는 스코틀랜드를 전부 제압한다. 애국자 월레스는 은밀하게 스코틀랜드로 돌아오지만 동료의 배신으로 체포되어 런던에서 처형당한 후에 사지가 갈가리 찢기는 형을 당한다. 군중에게 잔학한 형벌을 보여줌으로써 저항운동의 사기를 꺾으려는 의도였다. 하지만 월레스의 뒤를 이어 수호자가 된 로버트 브루스(훗날 스코틀랜드왕 로버트 1세)는 이에 굴하지 않고 스코틀랜드의 독립을 쟁취한다.

★ 스털링브릿지 전투

잉글랜드군은 스털링성에서 진군. 월레스가 이끄는 스코틀랜드군은 애비크레이그 언덕에 포진했다. 월레스는 포스강에 걸쳐있는 스털링브릿지로 잉글랜드군을 유인하여 맞은편 해안으로 건너던 잉글랜드병사를 공격한다. 궁지에 몰린 잉글랜드군은 큰 피해를 입고 패주했다. 이 스털링브릿지 전투에 승리한 월레스는 기사 작위를 받고 스코틀랜드의 수호자로 임명되었다. 한편 잉글랜드왕 에드워드 1세는 프랑스와의 전투를 중단하고 대규모 군대를 파견하기로 결정한다.

★ 국립 월레스 기념탑(national wallace monument)
애비크레이그의 언덕에 세워졌다. 19세기에 국민이 기부한 자금으로 건설되었다.

[스코틀랜드 독립전쟁 연표]
[1294] 스코틀랜드왕 존 베일리얼이 프랑스와 동맹
[1296] 에드워드 1세(잉글랜드왕)가 베일리얼 왕을 폐위하고 감옥에 가둔다.
[1297] 스털링브릿지 전투에서 스코틀랜드 승리
[1298] 폴커크 전투에서 잉글랜드 승리
[1305] 윌리엄 월레스 처형
[1306] 로버트 브루스가 스코틀랜드왕 로버트 1세로 즉위
[1307] 에드워드 1세가 병사하고 에드워드 2세(잉글랜드왕)가 즉위
[1314] 배넉번 전투에서 스코틀랜드 승리
[1328] 에드워드 3세(잉글랜드왕)가 스코틀랜드 독립을 승인
[1603] 엘리자베스 1세(잉글랜드 아일랜드왕)에 비호를 받았던 스코틀랜드 왕자 제임스 6세가 잉글랜드왕 제임스 1세로 즉위, 동군연합이 된다.
[1707] 합동법이 성립하고 스코틀랜드를 포함한 그레이트브리튼왕국이 성립
[2014] 스코틀랜드 독립을 묻는 주민투표를 실시하지만 부결된다

★ 연합왕국에서의 독립을 촉구하는 게시물. 스코틀랜드 독립이라는 월레스의 염원은 지금도 사라지지 않았다.

Robin Hood

로빈 후드

리처드 1세를 도운 의적

활의 명수 로빈 후드는 괴력의 사나이 리틀 존과 호걸 터크 수도사 등 동료들과 함께 셔우드숲(잉글랜드 중앙에 위치한 노팅엄 북쪽에 있는 숲)에서 살았다. 그들은 영민을 괴롭히는 노팅엄의 악덕 대관을 응징하고, 욕심 많은 성직자와 귀족에게 금품을 빼앗아 가난한 사람들에게 나눠주는 의적인 동시에 토지를 가진 권력자들에게는 피도 눈물도 없는 천하의 무법자였다.

때는 12세기 말, 잉글랜드왕 리처드 1세(사자심왕 → 30쪽)는 제3차 십자군 원정에서 귀환하는 도중 오스트리아에서 체포된다. 이때 리처드왕의 동생 존이 왕위를 찬탈한다. 존이 실권을 쥐고 폭정을 펼치자 로빈 후드는 록슬리라고 이름을 바꾸고 저항한다. 머지않아 오스트리아를 탈출한 리처드왕이 잉글랜드로 돌아오고 록슬리는 리처드왕을 도와 존을 굴복시키는데 성공한다. 감사한 마음을 표하는 리처드왕에게 록슬리는 "저의 본명은 록슬리가 아닙니다. 악명 높은 로빈 후드입니다"라고 정체를 밝힌다.

★ 사자심왕을 구한 영웅으로

록슬리의 정체를 안 사자심왕 리처드 1세는 "오! 그 악명 높은 무법자의 왕, 쾌남아가 자네인가! 짐이 자리를 비운 혼란한 와중에 저지른 짓을, 이제 와서 그대에게 물을 생각은 없다네"라고 로빈 후드의 죄를 용서한다.

이러한 로빈 후드의 전설은 사실을 모티프로 한 창작이라고 보는 게 일반적이다. 이야기의 원형은 15세기 무렵에 만들어졌으나 '활의 명수이자 의적'이라는 설정은 근대에 첨가되었다고 본다. 영국에서는 로빈 후드는 '무법의 영웅'의 대명사로 꼽히며 그의 전설은 사람들의 마음속에 깊이 뿌리내렸다.

★ 영국의 노팅엄성 앞에 서있는 로빈 후드 동상

★ 로빈 후드의 모델이 된 남자

로빈 후드는 중세기사도 정신과는 상반되는 캐릭터다. 갑옷으로 몸을 감싸고 창과 방패로 무장하고 말을 타는 기사와 달리 로빈은 가벼운 차림으로 다니며 활쏘기가 특기다. 성에 살지 않고 숲이 주 무대이고 의적이라곤 해도 남의 물건을 훔치는 강도다.

이러한 무법자적 영웅상은 로빈의 모델 중 한명으로 꼽히는 헤리워드 더 웨이크라는 인물에서도 엿볼 수 있다. 앵글로색슨 귀족이었던 헤리워드는 1066년 노르만 콩퀘스트(정복) 즈음에 노르만인의 지배에 저항하다 영지를 빼앗기자 게릴라식 저항운동을 펼쳤다고 한다. 로빈 이야기도 당초에는 노르만인 귀족에 대항하는 의적이라는 구도가 많았다. 다만 '정복'이라고 해도 앵글로색슨도 노르만도 같은 게르만계열로 문화적으로도 가까워서 세간에서 말하듯 이민족의 지배를 받았다고 하기에는 무리가 있다. 그래서 16세기 무렵에는 노르만계 플랜테저넷조 왕인 리처드 1세(사자심왕)을 돕는 스토리가 더해진 듯하다.

★ 노르만 콩퀘스트

노르만 콩퀘스트는 1066년에 일어난 노르망디공 윌리엄의 잉글랜드 정복을 말한다. 앵글로색슨인인 에드워드 참해왕(재위 : 1042~1066)의 먼 친척뻘인 윌리엄은 참해왕에게 왕위를 물려주겠다는 약속을 받았으나 참해왕이 죽은 후 의동생 해럴드 2세가 즉위하자 곧바로 군사를 일으킨다. 헤이스팅스 전투에서 승리한 윌리엄은 윌리엄 1세로 즉위하며 노르만조를 열었다. 이 왕조가 현재의 영국왕조의 원류다.

윌리엄 1세는 잉글랜드에서 왕조를 연 뒤에도 프랑스어로만 말했다. 영어에는 프랑스어의 영향이 강하게 볼 수 있는데 이것이 원인의 하나로 꼽힌다.

★ 프랑스 북부 노르망디 지방을 다스리는 윌리엄은 잉글랜드 전 지역을 거의 수중에 넣었다.

잔 다르크

Jeanne d'Arc

1412-1431

전장을 달려 프랑스의 구세주가 된 '오를레앙의 처녀'

◆◆◆

지위 : 군인   아버지 : 자크 다르크   어머니 : 이자벨 로메   자녀 : 없음

　1429년, 샤를황태자는 시논성에서 예언자를 자처하는 잔의 방문을 받았다. 그녀는 "오를레앙에 있는 잉글랜드군을 추방한 뒤에 랭스에서 샤를의 대관식을 열고 파리를 다시 프랑스의 지배하에 두어라"라는 신의 명령을 받았다고 한다. 영국과 프랑스의 백년전쟁 중이던 당시 프랑스는 국내 부르고뉴파의 반란과 잉글랜드군의 침공으로 위기에 빠져 있었다.

　잔 다르크는 오를레앙 구원군에 참가하여 최전선에서 누구보다 열심히 싸웠다. 어깨를 화살에 맞고도 분연히 일어서는 모습에 고무된 프랑스군은 오를레앙에서 대승을 거둔다. 이어서 랭스까지 가는 도중에 잉글랜드군에 함락되었던 도시들을 차례로 수복하여 예언대로 노트르담 대성당에서 샤를 7세의 대관식을 실현시킨다. 하지만 파리를 해방시키려던 잔 다르크는 세 번째 신탁이 이뤄지는 모습을 직접 보지는 못했다. 잔 다르크가 잉글랜드와 손을 잡은 부르고뉴파에 붙잡히자 샤를이 잔을 구하는 대신에 그녀를 이단으로 몰아세우고 고문한 뒤에 화형에 처했기 때문이다. 그때, 그녀의 나이 아직 열아홉 살이었다.

★ 백년전쟁의 개요

백년전쟁의 원인은 1066년 노르만 콩퀘스트로 거슬러 올라간다. 그때부터 잉글랜드왕은 프랑스왕의 봉신으로서 대륙에 영토를 갖고 두 왕실은 자주 인척관계를 맺었다.

1328년에 프랑스왕 샤를 4세가 죽고 카페조의 대가 끊기자, 잉글랜드왕 에드워드 3세는 어머니가 카페 가문 출신이라며 왕위를 요구한다. 하지만 프랑스귀족은 샤를 4세의 사촌을 필립6세로 즉위시키고, 이 일로 양국의 대립이 깊어진다. 결국 1337년, 필립 6세가 잉글랜드령이었던 아키텐지방(프랑스남서부)을 몰수하기로 결정하면서 백년전쟁이 발발한다. 15세기에 들어서면 프랑스에서는 부르고뉴공이 대두하여 국왕파와 대립하는데, 이 분열을 틈타 잉글랜드군이 공세를 펼치자 프랑스군이 수세에 몰린다. 그런 상황에서 잔 다르크가 혜성처럼 등장했던 것이다.

★ 잉글랜드왕국은 왕가 출신지인 노르망디지방과 아키텐 지방을 영유했다. 아키텐지방은 예나 지금이나 와인의 산지다. 나아가 잉글랜드는 양모의 산지인 플랑드르 지방에도 손을 뻗쳤다. 이렇게 잉글랜드 왕국은 남북으로 프랑스 왕국을 잠식해 들어갔다

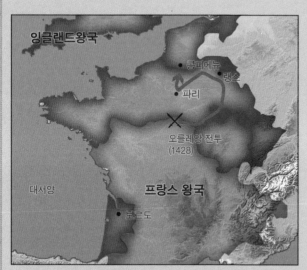

★ 오를레앙은 잉글랜드 측에서 보자면 프랑스 중앙부로 진격하는 돌파구였고, 프랑스 측에서 보자면 최후의 보루였다. 전투는 반년이나 계속되었으나 잔 다르크가 전장에 도착하면서 전황이 뒤바뀌었다. 잉글랜드군의 전선이 붕괴되고 프랑스군이 백년전쟁의 종결을 결정짓는 1승을 올린다. 그리고 1453년에는 프랑스군이 아키텐 수도 볼드에서 잉글랜드군을 몰아내고 백년전쟁의 종지부를 찍는다. 그 결과, 잉글랜드는 거의 모든 대륙령을 잃었다.

★ 노트르담 대성당의 잔 다르크상
잉글랜드 측에서 보자면 신의 예언을 받았다는 잔은 자군을 궁지에 빠트린 마녀 그 자체였다. 잔은 종교재판을 받고 화형에 처해졌다. 반대로 프랑스 측에서 본 잔은 성녀 그 자체로 훗날 신으로 추앙받는다.

유스티니아누스

Justinianus I

483-565

제국의 영토를 회복한 농가의 아들

지위 : 동로마제국황제(재위 527~565년)   아버지 : 사바티우스   어머니 : 위기란티아
자녀 : 유스티아누스 2세(양자) 외   후계자 : 유스티아누스 2세

훗날 지중해 세계 전체를 통치한 비잔틴(동로마제국) 황제 유스티니아누스는 농가의 아들로 태어나 황제의 자리에까지 오른 인물이다. 하지만 그 38년의 치세기간에는 적지 않은 고난도 있었다. 즉위하고 나서 5년이 지난 532년, 무거운 세금과 경찰권력의 횡포에 분노한 콘스탄티노플(현재 이스탄불)의 민중이 '니카(승리)'를 구호로 외치며 대규모의 폭동(니카의 반란)을 일으켰던 것이다.

황제는 장군 벨리사리우스에게 폭동을 진압하라고 명령한다. 하지만 폭주의 기세는 멈추지 않았고 결국 유스티니아누스는 망명 준비를 시작한다. 그런데 그때 황후 테오도라가 나타나 "설마 도망칠 생각은 아니겠지요. 황제의 옷은 최고의 수의니까요"라며 황제에게 일갈했다. 이 말을 들은 유스티니아누스는 반란군에 맞서기로 단단히 마음먹는다. 벨리사리우스도 더 이상은 시민이라고 적당히 봐주지 않겠다며 반란군에 군대를 보낸다. 이렇게 해서 반란을 진압한 유스티니아누스는 테오도라와 벨리사리우스의 힘을 빌리면서 역사상 '대제'로 손꼽히는 군주가 된다.

[유스티니아누스 연표]

[483] 나이수스(현 세르비아 니시)에서 탄생

[518] 양부 유스티누스 1세가 황제에 즉위

[527] 비잔틴(동로마) 황제에 즉위

[532] 사산조 페르시아와 영원한 평화조약 체결 / 니카의 반란

[533] 벨리사리우스가 카르타고를 점령

[534] 유스티니아누스 법전 공포

[536] 벨리사리우스가 로마 입성

[537] 콘스탄티노플에 하기아소피아(아야소피아) 대성당을 재건

[548] 테오도라 서거

[554] 이베리아반도 남동부를 제압

[565] 벨리사리우스 서거 / 유스티니아누스 서거

★ 현재의 하기아소피아(아야소피아). 유스티니아누스가 재건하고 나서 1000년을 넘어 지금까지 남아있다. 하기아는 그리스어, 아야는 터키어로 '성스러운'이라는 뜻이고 소피아는 '지혜'라는 뜻이다.

[유스티아누스가 넓힌 제국의 영토]

나이수스
흑해
콘스탄티노플
이베리아반도
로마
동로마제국
카르타고
지중해

유스티니아누스 즉위 전
533~534년
535년
536~555년
552~554년

★ 이탈리아 라벤나에 있는 산비탈레성당의 모자이크 벽화. 가운데가 유스티니아누스이고 그 바로 오른쪽 옆이 벨리사리우스라고 한다.

✦ 숙부에게 물려받은 황제의 자리

유스티니아누스(본명 플라비우스 페트루스 사바티우스)는 속주인 나이수스(현재의 세르비아공화국 니시)의 농가에서 태어났다. 그 뒤에 같은 농가 출신으로 비잔틴제국의 군인이 된 숙부 유스티누스의 양자가 되어 교육받을 기회를 얻는다. 양부는 그 뒤에 장군까지 승승장구한다. 518년에 비잔틴제국 황제 아나스타니우스 1세가 후계자 없이 세상을 떠나자 원로원의 결정으로 양부가 황제로 선출되어 유스티누스 1세로 즉위한다. 하지만 가난한 농부에서 군인이 된 유스티누스는 글을 읽고 쓸 줄 몰랐으므로 법학과 신학에 능통했던 유스티니아누스가 실무를 도맡아서 처리했다. 덕분에 527년에 부황제에 올랐고 유스티누스 1세가 세상을 떠난 후 정식으로 황제의 자리에 올랐을 때는 이미 경험이 풍부한 황제였다.

그런 황제를 보좌한 것이 테오도라와 벨리사리우스다. 황제보다 열일곱 살이나 어렸던 테오도라는 원래 무희였다고 한다. 비천한 출신으로 제국 내의 인사에 강한 영향력을 발휘하여 반발도 많았는데 동시대의 역사가 프로코피오스는 그녀를 비방하는 서적을 남기기도 했다. 그 프로코피오스가 고문관으로 섬기던 벨리사리우스는 명장의 이름에 걸맞은 활약을 펼친 장군이다. 니카의 반란을 진압한 뒤에는 구서로마제국령을 회복하고 북아프리카와 이탈리아에서 전쟁을 벌여 황제의 정치목표를 실현시켰다. 단, 재물에 눈이 어두워 12세기 소설에서는 신에게 벌을 받아 눈이 보이지 않는 걸인으로 묘사된다.

클로비스

Clovis I

466-511

가톨릭으로 개종하여 프랑스 왕국의 기초를 다지다

◆◆◆

지위 : 프랑크왕(재위 481~511년)   아버지 : 킬데리크 1세   어머니 : 바시나
자녀 : 테우데리크, 클로타르 등   후계자 : 테우데리크

클로비스는 갈리아(현재의 프랑스, 스위스, 벨기에 등의 지역)의 대부분을 지배하던 메로빙거조 프랑크 왕국의 초대국왕이다. 아버지가 죽자 열다섯의 나이에 프랑크인(게르만계) 부족의 왕위를 물려받은 클로비스는 486년의 수아송 전투에서 승리한 것을 시작으로 온갖 게르만계 부족과 전투를 벌이느라 세월을 보냈다. 당시 게르만인 사회에서는 토착 종교나 로마제국에서 이단 취급을 받던 아리우스파 기독교 신앙이 강했다. 클로비스도 조상 대대로 전래된 종교를 믿었으나 아내 클로틸드는 그와 다르게 아타나시우스파(가톨릭)의 열렬한 신자였다. 그래서 남편에게도 개종을 권했으나 클로비스는 좀처럼 이를 받아들이지 않았다.

496년, 클로비스는 현재의 스위스를 거점으로 하는 게르만계 아라만인과의 전투에서 전멸할 위기에 처했다. 하지만 위기를 극복하고 극적으로 승리를 거두었을 때, 이것은 아내가 믿는 신의 가호라고 믿고 가톨릭으로 개종하기로 결심한다. 498년 크리스마스에 세례를 받았다.

[클로비스 연표]

[466] 클로비스 탄생
[476] 서로마제국 멸망
[481] 클로비스가 프랑크인 살리족의 왕위를 계승
[486] 수아송에서 로마인 장군 시아그리우스를 격파
[491] 튀링겐인의 침입을 격퇴
[493년 무렵] 부르군트왕가의 클로틸드와 결혼
　　　　　　클로비스의 누이동생이 동고트왕 테오도리크와 결혼
[496] 아라만인과의 전투에서 승리
[498] 랭스에서 세례를 받다(연대에는 이견 있음)
[500] 부르군트 왕국에 침공
[507] 부이에 전투에서 서고트왕국의 알라리크 2세를 격파
[508] 동로마황제 아나스타시우스 1세로부터 아우구스투스(존엄자)의 칭호를 받다
[511] 클로비스 서거

★ 〈클로비스의 세례〉 (15세기 무렵. 워싱턴 내셔널 갤러리)

[프랑크 왕국의 확대]

★ 클로비스는 프랑크 왕국을 통일하고 서고트왕국에 쳐들어가서 영지를 넓혔다. 클로비스가 죽은 뒤에도 프랑크 왕국은 영지를 계속 넓혀 현재의 프랑스, 독일, 이탈리아의 원형이 되었다.

★ 능수능란한 정치수완

클로비스가 가톨릭으로 개종한 것은 알라만인과의 전투에서 거둔 기적적인 승리를 신의 가호로 느껴서 혹은 반대로 기독교 신에게 기도함으로써 승리를 거두었다는 종교적 전설로 장식되었다. 하지만 실제로 이는 클로비스의 절묘한 전략이었다.

서로마제국이 멸망한 5세기 후반 서유럽에서는 게르만계의 모든 부족 왕국이 난립했고, 여기에 갈리아 지방으로 이주한 로마인(라틴계)인 갈로로마인 등 서로마제국의 잔당도 세력을 유지하고 있었다. 그런 상황에서 전투만으로는 일대 세력으로 대두하기가 어려웠다. 클로비스는 부르군트왕가(게르만계)의 클로틸드와 결혼한 것을 시작으로 오도아켈 국을 쓰러트리고 이탈리아를 지배한 동고트왕 테오도리크(게르만계)와 자신

의 여동생을 결혼시키는 등 빈번한 정략결혼으로 세력을 키웠다. 가톨릭 개종도 마찬가지로 서유럽에 영향력을 확대하려는 전략의 일환으로 보인다. 당시 게르만 사회에는 토착 종교와 325년에 니케아 공의회에서 이단취급을 받던 아리우스파 기독교가 침투해 있었다. 그래서 클로비스는 갈로·로마인이 믿는 아타나시우스파 기독교(가톨릭)로 개종하고 그들의 지지를 얻어 전력이 우위인 상태에서 서고트왕국(게르만계)을 침공하는 동시에 물론, 동로마황제 아나스타시우스 1세에게 아우구스투스(존엄자)의 칭호를 받음으로써 다른 게르만왕보다 자신의 서열이 높다는 것을 보여주려 했던 것이다. 이렇게 로마교회와 밀접한 관계를 맺은 것은 훗날 프랑크 왕국의 번영을 이루는 초석이 되었다.

Gregorius VII

그레고리오 7세

1020-1085

왕을 무릎 꿇린 교황

◆◆◆

지위 : 로마교황 (재위 1073~1085년)   아버지 : 알려지지 않았다   어머니 : 알려지지 않았다
자녀 : 없음   후계자 : 빅토르 3세

　　1076년 당초에 가톨릭교회에서는 성직 매매나 성직자의 결혼문제 등이 횡행했다. 이때 등장한 개혁파 교황 그레고리오 7세는 나라의 기강을 바로 세우겠다며 문제가 있는 성직자를 파면했다. 여기에 성직자의 임면권을 갖고 있던 황제와 국왕과 같은 세속권력이 반발한다. 이 중, 독일왕 하인리히 4세(훗날의 신성로마황제)는 자신이 임명한 성직자들을 불러서 회의를 열고 그곳에서 그레고리오 7세의 폐위를 결정한다. 그러자 교황은 대항조치로 하인리히 4세를 파문했다.

　　시작은 독일왕이었지만 기독교 세계에서 죽음이나 다름없는 파문의 위력은 절대적이었다. 왕에게 종속된 고위 성직자는 앞 다투어 교황과 화해를 신청하고 독일 국내의 제후들이 하인리히 4세에게 반기를 들었다. 제후들이 1년 이내에 파문을 철회시키지 않으면 폐위하겠다는 조건을 들이밀자 하인리히 4세는 교황이 머무는 카노사성을 찾아가 삼일 밤낮을 빌어서 겨우 파문을 면했다.

☆ 카노사의 굴욕

국왕이 종교적 지도자에게 무릎을 꿇고 용서를 구한 사건이 역사적으로 유명한 '카노사의 굴욕'이다.

하인리히 4세는 카노사성에서 일패도지한 것처럼 보였으나 개전의 의지도 교황에 대한 경의도 표하지 않았다. '카노사의 굴욕' 사건이 일어난 직후, 파문만 면하면 된다는 듯이, 즉시 독일에 돌아가서 반기를 든 제후들의 제압에 나선다. 1080년에는 다시 그레고리오 7세의 폐위를 선언하고 그와 대립하던 교황 클레멘스 3세를 교황에 옹립한다. 그레고리오 7세도 하인리히에게 두 번째 파문을 선언하지만, 권력기반을 다진 하인리히는 1084년에 로마를 점령한다. 이듬해, 그레고리오 7세는 "나는 정의를 사랑하고 부정을 증오했다. 그래서 망명의 땅에서 죽는 것이다"라는 말을 남기고 망명지 살레르노에서 객사한다.

그레고리오 7세가 죽은 후에도 성직서임권 투쟁은 계속되다가 그레고리오 7세가 죽은 지 37년이 지난 1122년에 보름스 조약을 맺으며 해결. '그레고리오 개혁'을 이어받은 후계교황들의 노력으로 성직자의 서임권은 교황에게 있다는 그의 주장이 인정받게 된 것이다. 한편 교회를 영내 통치에 이용하는 제국교회정책의 길이 가로막힌 신성로마제국은 동시에 절대군주제로의 길도 막혀 19세기에 해체될 때까지 분립하는 지방국가의 집합체인 영방국가로 남았다.

[1032년 무렵의 제국의 판도]
☆하인리히 4세는 독일왕이었으나 훗날 유럽 중앙으로 영토를 넓히고 신성로마제국 황제가 된다. 왕이든 황제든 영토를 지배하는 제후를 통솔하는 입장이었고 각 제후의 지배지역에는 로마가톨릭교회가 강한 영향력을 갖고 있어 제후는 교회의 지원 없이는 그 지역을 통치할 수 없는 상태였다.

☆'카노사의 하인리히(Henry at Canossa)', 독일 화가 에두아르트 슈보이저(Eduard Schwoiser) 작 검소한 옷차림과 맨발로 교회 앞에 선 하인리히 4세.

[그레고리오 7세 연표]

[1020 무렵] 힐데브란트(훗날 그레고리오 7세) 탄생

[1050] 힐데브란트가 추기경에 취임. '그레고리오 개혁'을 시작 / 하인리히 4세 탄생

[1073] 힐데브란트가 그레고리오 7세로서 교황에 취임

[1074] 성직 매매와 성직자 결혼 금지

[1075] '교황령 27개조'를 공포. 세속권력에 의한 성직서임권을 부정

[1076] 하인리히 4세가 그레고리오 7세의 폐위를 선언
　　　　그레고리오 7세가 하인리히 4세의 파문을 결정

[1077] 카노사의 굴욕(카노사 사건)

[1080] 하인리히 4세가 다시 그레고리오 7세를 폐위
　　　　그레고리오 7세가 다시 하인리히 4세를 파문

[1084] 하인리히 4세, 그와 대립하는 교황 클레멘스 3세를 옹립하여 신성로마황제로 취임. 이어서 로마에 침공 / 그레고리오 7세, 몬테 카시노, 이어서 살레르노로 망명

[1085] 그레고리오 7세 서거(살레르노에서)

[1105] 하인리히 4세, 교황과 손을 잡은 아들 하인리히 5세에 의해 폐위된다

[1106] 하인리히 4세 서거

리처드 1세

Richard I

1157-1199

전장에서 산 '사자심왕(라이온하트)'

◆◆◆

지위 : 잉글랜드왕(재위 1189~1199년)   아버지 : 헨리 2세   어머니 : 엘레오노르 다키텐 여공작

자녀 : 코냑의 필립   후계자 : 존(실지왕)

이슬람의 영웅 살라흐 앗딘(살라딘)에게 빼앗긴 예루살렘을 되찾기 위해 제3차 십자군에는 '사자심왕' 리처드 1세와 프랑스왕 필리프 2세가 참가했다. 그들은 아크레를 함락시키는데 성공하지만 도중에 두 사람의 사이가 틀어지고 필리프가 귀환하면서 남은 리처드가 살라딘과 1년이 넘게 사투를 벌였다. 그 고군분투하는 모습에 살라딘도 '기독교도 제일의 기사'라며 경의를 표했고 리처드가 병에 걸렸을 때에는 의사도 보내주었다. 적진 깊숙한 곳에서 깊이 감동한 리처드는 평화협상 즈음에 자신의 누이동생과 살라딘의 남동생의 혼인을 제안한다. 이 혼례는 성사되지 않았지만 화의에서는 기독교 신자가 예루살렘을 순례하는 것이 인정되었다. 하지만 고국으로 돌아갈 때까지 예루살렘을 탈환하지 못한 리처드는 "나는 예루살렘을 볼 자격이 없다"며 성지에 들리지 않고 귀환 길에 올랐다.

☆ 너그럽지 못하고 잔학한 일면

제3차 십자군에서 활약한 리처드 1세(사자심왕)는 중세 기사도 정신의 모범적 인물이다. 하지만 포로로 붙잡힌 기독교신자를 너그럽게 대해준 살라딘과 달리 리처드는 아이를 포함한 3000명의 이슬람신자를 모조리 잡아 죽이는 등 너그럽지 못하고 잔학한 성격의 소유자였다. 이후 이슬람세계에서는 "말 안 들으면 리처드가 온다"라며 아이를 겁주었다고 한다.

그런 성격이라서 리처드의 인생은 전쟁과 전투의 연속이었다. 즉위 전에는 부왕 헨리 2세에게 자신의 영지였던 아키텐을 내주라는 명을 받고 대립한다.

[리처드 1세 연표]

[1157] 리처드 1세 탄생

[1183] 형 헨리가 사망하자 왕위 계승권을 얻는다.
왕위계승을 대신하여 아키텐령을 동생 존에게 양보하라고 요구한 부왕 헨리 2세와 대립

[1189] 헨리 2세의 서거로 왕위 계승

[1190] 제3차 십자군 원정 출발

[1191] 아크레 공략에 성공

[1192] 살라딘과 휴전 조약을 체결
귀환 도중에 오스트리아에서 레오폴트 5세에게 붙잡힌다.

[1194] 잉글랜드로 귀국
프랑스에 빼앗긴 노르망디를 되찾기 위해 출발

[1199] 화살에 맞은 상처부위가 악화되어 죽는다

[제3차 십자군]

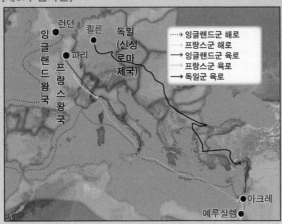

범례:
······ 잉글랜드군 해로
-- -- 프랑스군 해로
⟶ 잉글랜드군 육로
⟶ 프랑스군 육로
⟶ 독일군 육로

☆ 루앙대성당
(프랑스)
이곳에 '사자심왕'의 심장이 안치되어 있다. 뇌와 장기는 프랑스 푸아투에 이장되었다.

제3차 원정은 주력 부대의 대부분이 해로를 통해 예루살렘으로 향했다. 대규모 부대의 손모율(전력 손실)을 줄이면서 한 번에 많은 병력을 예루살렘 부근에 상륙시킬 수 있었다.

☆ 전쟁, 또 전쟁

즉위 후에는 즉시 십자군 원정에 나섰으나 필리프 2세의 누이와 혼인하기로 한 약속을 일방적으로 파기하여 프랑스왕과 사이가 틀어진다. 아크레 공략에서는 리처드왕의 측근이 함께 싸우던 오스트리아공 레오폴트 5세의 군기를 국왕과 같은 줄에 세워놓을 수 없다고 끌어내려서 화근을 남긴다. 결국, 이 일로 십자군 원정에서 돌아오는 길에 레오폴트 5세에 붙잡혀 유폐되었다.

몸값을 지불하고 풀려난 후, 잉글랜드에 돌아와 왕위를 찬탈하려는 존(실지왕)을 굴복시키고 다시 프랑스로 건너간다. 존을 지원하던 필리프 2세와 싸우기 위해서였다. 그리고 결국 전쟁 중에 화살에 맞은 상처가 악화되어 전사했다. 즉위한 이래, 리처드왕이 잉글랜드에 머문 기간은 고작 6개월에 불과했다.

El Cid

엘 시드

1045?-1099

이베리아 반도를 탈환하려고 했던 스페인의 영웅

◆◆◆

지위 : 카스티야 왕국 귀족   아버지 : 디에고 라이네스   어머니 : 여러 설이 있음(마리아, 산차, 테레사)
자녀 : 디에고 로드리게스, 크리스티나 로드리게스 등   후계자 : 히메나(아내)

　현재의 스페인 북부를 지배하던 카스티야 왕국. 그 카스티야왕 산초 2세의 시동이었던 엘 시드는 용맹한 청년으로 성장하여 수많은 전투에서 무훈을 세웠다. 하지만 산초 2세가 암살되고 동생 레온 왕 알폰소 6세가 카스티야 왕국을 이어받자 간신의 모략으로 아내와 자식들을 남겨두고 카스티야에서 추방된다. 그래도 왕에게 충성을 다했던 시드는 무어인(이베리아반도의 이슬람교도)을 공격하여 얻어낸 전리품을 꾸준히 왕에게 헌상했다. 머지않아 힘을 비축한 시드가 발렌시아를 정복하면서 알폰소 6세와도 화해하고 아내와 아이들을 무사히 다시 만나게 되었다. 그 후에도 이슬람교도로부터 이베리아반도를 탈환하는 전투에서 활약하며 스페인의 영웅이 되었다.

☆ 칼리온 형제에게 복수

관계가 회복된 후, 시드는 알폰소 6세의 권유로 두 딸을 대귀족 카리온 백작의 두 아들과 결혼시킨다. 하지만 벼락출세한 시드의 딸과의 결혼에 불만을 느끼고 있던 형제는 무어인과의 전투 등에서 겁쟁이처럼 벌벌 떨어서 사람들의 웃음거리가 되자 시드의 딸인 아내에게 분풀이를 한다. 아내들을 숲으로 불러내서 발가벗긴 뒤에 나무에 묶어놓고 떠나버린 것이다.

복수를 맹세한 시드는 알폰소 6세에게 중재를 요청하고 카리온 형제에게 주었던 명검 티손과 콜라다를 회수한 뒤에 조카들을 시켜 카리온 형제에게 결투를 신청한다. 명검을 잃고 용맹함도 잃은 카리온 형제는 참혹하게 패해 자신들의 죄를 인정한다. 시드의 딸들은 각각 나바라왕국과 아라곤왕국의 왕자와 재혼하여 행복하게 살았다.

☆ 역사속의 엘시드

엘시드의 본명은 로드리고 디아스 데 비바르, 11세기 후반에 실존하던 카스티야의 하급귀족이었다. 서사시 '시드의 노래'의 스토리도 카리온 형제의 분풀이와 거기에 대한 복수를 제외하면 거의 사실에 기인한다.

발렌시아 정복 등의 업적을 남기며 훗날 이베리아반도에서 이슬람세력을 쫓아낸 레콩키스타(국토회복운동)의 상징적 영웅으로 꼽히는 엘 시드. 원래 그 이름은 아라비아어로 승리자와 주인을 의미하는 알사이드라는 칭호에서 유래한다. 다시 말해, 이슬람세력이 붙인 호칭인 것이다. 사실 알폰소 6세에게 추방당한 뒤에 시드는 기독교 국가만이 아니라 이슬람 소국을 위해서도 일하며 세력을 넓혔다. 당시 이베리아반도에서는 1031년에 후우마이야조가 붕괴된 뒤, 이슬람교를 믿은 소국들이 난립하며 기독교 신자와 이슬람교 신자가 공존하던 나라도 많았다. 단 시드가 발렌시아를 정복했던 1090년대에는 북아프리카로부터 세력을 키운 무라비트조가 이베리아반도의 이슬람국가를 병합할 요량으로 '검인지 쿠란인지' 선택할 것을 강요하면서 기독교 국가들과 대립이 격해졌다. 그런 의미에서는 시드가 이

슬람세력의 침공에 대항한 인물임은 사실이라고 할 수 있다. 한편, 1099년에 시드가 죽자 그 후에는 아내 히메나가 발렌시아를 이어서 통치했는데 1102년에 무라비트조의 침략을 받고 영지를 잃는다. 다음에 기독교 세력이 발렌시아를 되찾은 것은 아라곤왕국이 발렌시아를 포위하는 1238년이 되고 나서다.

[12세기 무렵의 이베리아 반도의 세력도]

대서양

프랑스 왕국

나바라왕국

부르고스

포르투갈 왕국

카스티야왕국

아라곤 왕국

이베리아반도

발렌시아

무라비트조

☆카스티야 레온자치구 부르고스주의 주도 부르고스에 세워진 엘 시드 동상.

마르코 폴로

Marco Polo   1254-1324

황제 쿠빌라이가 신뢰했던 이탈리아상인

◆◆◆

지위 : 상인 · 모험가   아버지 : 니콜로   어머니 : 알려지지 않았다
자녀 : 판티나, 벨레라, 모레타

어머니를 잃고 숙부 부부의 손에 자란 마르코 폴로가 처음에 아버지와 만난 것은 열다섯 살 때였다. 베네치아의 무역상인이었던 아버지 니콜로와 작은 삼촌 마페오는 마르코가 태어나기 전에 동방으로 무역여행을 떠났기 때문이다. 그들이 중국 원나라에서 쿠빌라이칸을 알현하는 등 장장 15년에 걸친 여행을 마치고 귀국한 것은 1269년이었다.

얼마 후, 니콜로 일행은 선교사를 파견해달라는 쿠빌라이의 의뢰를 받고 다시 1만 5000km의 대장정을 떠난다. 이번에는 마르코도 함께였다. 1271년에 베네치아를 출발한 세 사람은 약 3년 반의 여정 끝에 원나라에 도착하여 큰 환영을 받는다. 그 후에 원나라의 고관으로 17년간 중국에 머물렀다가 베네치아로 돌아온 것은 24년 뒤인 1295년이었다.

마르코 폴로의 여행은 작가인 루스티켈로에 의해 《동방견문록(세계의 서술, Divisament dou monde)》으로 정리되었다. 그 중에서도 사람들을 매료시킨 것은 중국의 동쪽의 해상에 떠오른 아스카 '황금의 나라 지팡구'였다.

★ 환상의 나라 지팡구

마르코 폴로는 실존 인물이며 중국에 여행한 것도 사실이다. 원나라에서 17년을 머무는 동안, 징세관리인으로서 윈난과 장쑤에 파견되었고 사절로 스리랑카과 인도네시아를 방문하기도 했다. 쿠빌라이는 폴로 집안사람들을 중용하며 고향에 가고 싶다는 그들의 바람을 들어주지 않았다. 하지만 1291년 현재의 이란에 있는 일 칸국의 아르군 칸에게 왕족인 딸을 비로 수행하는 역할이 주어지면서 고향에 가고 싶은 바람이 이루어진다.

황금의 나라 지팡구는 마르코 폴로가 말해서 알려졌다고 하는데, 정작 마르코 본인은 일본에 방문한 적이 없다. 아마도 일본과 교역하던 중국상인에게 전면이 금박으로 뒤덮인 주손지 곤지기도(中尊寺 金色堂)의 소문을 들은 것이 아닐까 생각된다. 그 외에, 지팡구에서는 몸값을 받지 못한 포로를 일족이 잡아먹는 식인 풍습이 있다는 황당무계한 서술도 있다. 또 당시에는 이슬람 상인 사이에서도 중국의 동방에 황금의 섬 와쿠와쿠가 있다는 '와쿠와쿠전설'이 전해졌는데 이 와쿠와쿠는 '왜국'을 가리킨다고 한다.

[13세기 무렵의 몽골제국의 판도]

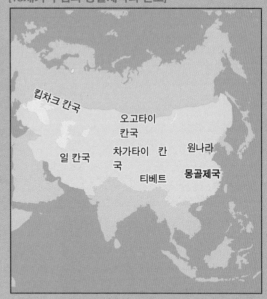

★ 유라시아대륙의 대부분을 정복한 몽골제국은 여러 우르스(국가)로 나뉘었는데 제5대 황제 쿠빌라이가 지배하는 원나라(대원)가 계속 종주국 입장에 있었다. 그런 거대제국 원수와의 거래는 상인에게는 목숨을 걸 가치가 있었다.

[마르코폴로 일행의 족적]

★ 가는 길은 실크로드를 이용하여 육로중심으로. 돌아오는 길에는 배를 타고 고향 베네치아로 향했다.

★ 그 외의 중세여행자

13세기의 유라시아대륙에서는 칭기스칸이 건국한 몽골제국이 아시아의 대부분과 러시아의 대부분을 지배하여 동서교류가 활발해지던 시대였다. 그래서 마르코 폴로나 아버지인 니콜로 일행이 원나라를 방문하기 전에 이미 동방으로 여행을 떠난 서양인이 있었다.

특히 몽골의 침입에 위기감을 느낀 교황 인노첸시오 4세는 몽골인을 기독교로 개종시키려고 프란체스코회 수도사 플라노 카르피니와 윌리엄 뤼브룩을 파견했다. 카르피니는 1245~47년에 걸쳐, 뤼브룩은 1253~55년에 걸쳐 몽골제국의 수도 카라코룸을 방문하여 칸을 알현했다. 또 폴로가와 교대하듯이 중국을 방문한 몬테 코르비노는 1299년, 대도에 중국 첫 가톨릭교회를 세우는 등 선교활동을 펼쳤다.

Knights Templar · 템플기사단 · 12~14세기

성지탈환에 목숨을 건 무장 수도사

템플기사단의 정식 명칭은 '그리스도와 솔로몬 신전의 가난한 전사들'로 제1차 십자군 원정 뒤인 1118년, 샹파뉴의 기사 위그 드 파앵을 비롯한 9명의 기사에 의해 창설되었다. 예루살렘 왕국의 보두앵 2세가 일찍부터 솔로몬왕의 예루살렘 신전(템플)이 있던 '성전산(Temple Mount)'을 주둔지로 제공했다고 하여 '템플기사단'이라고 부르게 되었다.

그 후, 1128년에 교황으로부터 기사수도회로서의 허가를 받자 순례자를 보호하는 기사이면서 수도자로서 기사도 정신의 이상으로 꼽히며 그들 앞으로 많은 후원금이 모였다.

후원금 중에는 영지도 많았는데 장원을 경영하며 유럽 각지에 거점을 갖게 된 템플기사단은 그 네트워크를 이용한 금융업무를 통해 막대한 부를 쌓았다. 이리하여 템플기사단은 12세기 중반, 십자군 원정의 자금 관리와 프랑스 국고를 맡는 등 군사력을 가진 거대금융자본으로 성장했다.

지부
사령부
총사령부

런던
빌뇌 라 몽타뉴
파리
푸아티에
몽펠리에
몬순
로마
베네벤토
토마레스
레메소스
예루살렘

[1300년 시점의 템플기사단의 거점]

☆ 그 후의 템플기사단

1307년 10월 13일의 금요일, 파리 중심지에 있는 탕플 탑에 프랑스 국왕의 관헌이 일제히 몰려들었다. 갑작스런 사태에 놀란 자크 드 몰레 총장을 필두로 템플기사단 기사들이 일제히 붙잡혀 간다. 거의 같은 시각, 프랑스 국내에 산재한 템플기사단의 거점과 도버해협을 넘은 런던 거점에서도 관헌들이 기사를 체포했다. 죄상은 이단이었다. 템플기사단이 입단식에서 반그리스도를 맹세하고 악마 숭배를 한다는 것이다. 그 후, 기사들은 고문으로 죄를 자백하게 되어 총장들을 비롯한 간부는 화형(156쪽)에 처해지고, 다른 기사들도 종신형을 받으며 템플기사단은 궤멸했다. 이후, 기독교단에서는 13일의 금요일이 불길한 날이 되었다.

이 누명 사건의 주모자는 프랑스 국왕 필립 4세다. 중앙집권적 왕권강화를 노리는 국왕은 프랑스의 국가 재정을 넘어선다는 템플기사단의 재력을 호시탐탐 노렸다. 그래서 교황 클레멘스 5세를 구슬려서 유럽 전역에 이단을 심문하겠다는 명령을 내리게 했다. 이렇게 해서 막대한 재력을 손에 넣은 필립 4세는 여기에 그

☆템플기사단은 현재의 프랑스를 중심으로 세력을 키웠다. 거점과 거점을 연결하듯이 이동하면 여행자는 거금을 들고 다닐 필요가 없었다. 템플기사단은 환어음을 발행했기 때문이다. 환어음의 이자와 수수료로 템플기사단은 막대한 재물을 쌓았다.

치지 않고 노리던 물건이 더 있었으나 기사단이 괴멸된 후 기사단의 거점을 아무리 뒤져봐도 발견되지 않았다. 템플기사단이 성지에 있는 예루살렘신전을 본거지로 할 때 발견되었다고 하는 '중요한 것'이다. 그게 뭔지는 알려지지 않았지만 어떤 사람은 성배라고 하고 또 어떤 사람은 예수가 짊어진 십자가, 혹은 십계가 새겨진 석판이 들어있는 계약함이라는 소문이 있었다.

한편 교황의 이단 심문 명령을 온 유럽이 따르지는 않았다. 프랑스의 꼭두각시 교황에 반발한 스코틀랜드와 이베리아반도의 나라들에서는 명령에 따르지 않고 가령 포르투갈 왕국에서는 그리스도기사단이라 이름을 바꾸고 존속을 인정되었다. 후에 포르투갈의 엔리케 항해왕자가 그리스도 기사단의 총장이 된 인연으로 대항해시대의 포르투갈 선박에는 템플기사단의 단기를 연상시키는 흰 천에 붉은 십자가가 그려진 돛이 나부꼈다.

중세왕후귀족의 별명
필요에 따라 생겼다

❖❖❖

　중세 유럽의 왕후귀족에게는 '사자심왕'(30쪽)이나 '붉은 수염왕(신성 로마 황제, 호엔슈타우펜 왕가의 프리드리히 1세를 가리킨다)'이란 별명이 많다. 친족 간에 이름이 같은 인물이 많다 보니 개인을 특정해야 하기 때문이다.

　게르만인의 이름은 대부분 '지크(Sieg, 승리)+프리트(Fried, 평화)'처럼 전반부(첫음절)와 후반부(종음절)로 되어 있고 자식이 태어났을 때는 친족의 이름에서 이 음절을 조합하여 이름을 지어서 중세 초기에는 친족 간에 비슷한 이름이 많았다. 하지만 8~9세기가 되면 왕후귀족은 '고귀한 출신'에 대한 귀속의식이 높아지며 태어난 아들에게 조부와 부친 등이 완전히 똑같은 이름을 쓰게 되었다. 결과적으로 같은 이름의 친족이 넘쳐서 가령 875년에는 샤를(카를)이 이끄는 서프랑크군과 그의 조카 샤를이 이끄는 동프랑크군이 싸우는 복잡한 사태가 벌어졌다. 즉, 개인을 특정할 필요가 생겨서 샤를은 대머리왕, 조카 카를은 비만왕이라는 식으로 그 인물의 특징을 보여주는 별명을 붙이게 된 것이다.

[대표적인 별명]

이름	생몰년	지위	별명(영어명)
아폰소 1세	1106?~1185	포르투갈왕	정복왕 (Afonso the Conqueror)
윌리엄 1세	1027~1087	잉글랜드왕	정복왕 (William the Conqueror)
에이리크 1세	885?~954	노르웨이왕	혈부왕 (Eric Bloodaxe)
에드워드	1330~1376	잉글랜드 황태자	흑태자 (Edward the Black Prince)
에드워드	1004?~1066	잉글랜드왕	참회왕 (Edward the Confessor)
에드워드	962~978	잉글랜드왕	순교왕 (Edward the Martyr)
엔리케	1394~1460	포르투갈왕자	항해왕자 (Prince Henry the Navigator)
엔리케 4세	1425~1474	카스티야왕	불능왕 (Henry the Impotent)
올라프 1세	1050~1095	덴마크왕	기아왕 (Oluf Hunger)
카를 마르텔	688?~741	프랑크 왕국 궁재	마르텔은 쇠망치란 의미
카를 1세	742?~814	프랑크왕	대제 (Charles the Great)
카를 3세	839~888	프랑크왕	비만왕 (Charles the Fat)
굴리엘모 1세	1120~1166	시칠리아왕	악왕 (Guglielmo the Bad)
굴리엘모 2세	1153?~1189	시칠리아왕	선왕 (Guglielmo the Good)
샤를 2세	823~877	서프랑크왕	대머리왕 (Charles the Bald)
샤를 4세	1294~1328	프랑스왕	단려왕 (Charles the Fair)
샤를 5세	1338~1380	프랑스왕	현명왕 (Charles the Wise)
샤를 6세	1368~1422	프랑스왕	광기왕 (Charles the Mad)
샤를 7세	1403~1461	프랑스왕	승리왕 (Charles the Victorious)
존	1166~1216	잉글랜드왕	실지왕 (John Lackland)
하랄 1세	?~986	덴마크왕	청치왕 (Harald Bluetooth)
하랄 1세	850?~930?	노르웨이왕	미발왕 (Harald Fairhair)
해럴드 1세	1015?~1040	잉글랜드왕	토끼발 (Harold Harefoot)
피핀 3세(소피핀)	714~768	프랑크왕	단신왕 (Pepin the Short)
필립 2세	1165~1223	프랑스왕	존엄왕 (Philip Augustus)
필립 3세	1245~1285	프랑스왕	대담왕 (Philip the Bold)

제 2 장

중세 유럽을 장식한
신화와 전승

오딘

Odin

북유럽신화에 나오는 신족들의 왕신

◆◆◆

아버지 : 보르   어머니 : 베스틀라   자녀 : 토르 외

　　스웨덴 왕가의 시조가 되며 현재도 그 전설은 살아 있다. 보르 혹은 부르라 불리던 남신과 거인족 베스틀라의 아들로 태어난 오딘은 게르만계 종족 사이에서 믿는 신이다. 이러한 오딘의 일화는 《에다》라는 북유럽신화 및 영웅담을 엮은 작품에 기록되어 있다. 《에다》가 언제 쓰였는지 자세한 것은 알려져 있지 않지만 9~13세기에 걸쳐 정리되었다고 한다.

　　오딘은 수많은 아내들 사이에서 토르 등의 자녀를 낳았다. 또 오딘은 거인 이미르의 몸에서 세계를 만들었다는 창조신으로도 알려졌다.

★ 스웨덴 농장에서 발견된 석비에 그려진 오딘과 그의 애마 슬레이프니르. 8~10세기. 다리가 여덟 개다. 하늘을 달릴 수 있으며 죽은 자의 나라 발할라도 갈 수 있다고 한다.

★ 1901년에 그려진 오딘. 애용하는 무기는 창이고 이름은 궁니르다. 세상에 격파할 수 없는 건 아무 것도 없으며 던지면 날아가서 적을 무찌른 뒤에 되돌아온다는 파격적인 성능을 갖고 있다. 까마귀 후긴과 무닌, 늑대 게리와 프레키도 그려져 있다. 까마귀는 정보 수집을 담당했고, 늑대는 오딘의 반려동물로 먹다 남은 음식을 처리했다.

★ 오딘 머리 목상(12~13세기 : 오슬로문화 역사박물관). 오딘 조각과 회화에는 외눈으로 표현되었다. 이것은 오딘이 지혜와 지식을 얻을 수 있는 샘물을 마신 대가로 샘물을 지키는 거인 미미르에게 한쪽 눈을 바쳤다는 전설이 있기 때문이다.

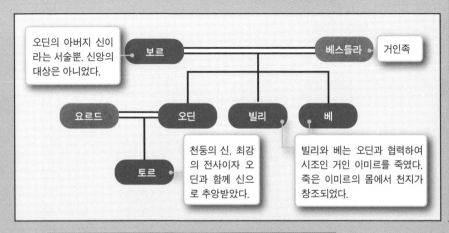

오딘의 아버지 신이라는 서술뿐. 신앙의 대상은 아니었다.

보르 ─── 베스틀라   거인족

요르드 ─── 오딘   빌리   베

토르

천둥의 신. 최강의 전사이자 오딘과 함께 신으로 추앙받았다.

빌리와 베는 오딘과 협력하여 시조인 거인 이미르를 죽였다. 죽은 이미르의 몸에서 천지가 창조되었다.

로키

`Loki`

북유럽 신화의 악동

◆◆◆

아버지 : 파르바우티   어머니 : 라우페위   자녀 : 슬레이프니르 외에 여럿이 있다

로키는 신족이 아니라 거인족이지만 북유럽신화의 주신인 오딘의 모친도 거인족이어서 오딘과 의형제로 보기도 한다. 수려하고 아름다운 외모를 가졌지만 변덕스럽고 종잡을 수 없는 성격의 소유자다. 그래도 오딘은 로키를 총애했다. 오딘이 아끼는 말도 로키가 암말로 변신해 수말 스바딜파리와 낳은 아들 슬레이프니르였다. 로키에게는 동물로 변신하는 것은 물론이고 그 상태에서 동물의 새끼도 낳을 수 있는 능력이 있었는데 야수의 신 슬레이프니르도 로키가 낳아 오딘에게 선물한 것이다. 로키는 오딘 일족과 교류하며 오딘의 아들 토르를 따라 여행길에 올라 그를 돕는다. 하지만 세월이 흘러 신족과 적대관계에 놓이자 오딘의 아들 발두르를 죽인다.

로키는 거인 앙그르보다와의 사이에서 펜리르(늑대), 요르문간드(뱀), 죽음의 여신 헬 등을 낳는다. 그리고 이들을 이끌고 신들이 멸망하는 최후의 전쟁 '라그나로크'를 일으킨다. 이 전쟁에서 로키는 거인족의 지원에 힘입어 끝내 승리를 쟁취한다.

☆ 덴마크의 해안에서 발견된 선화가 그려진 돌(1000년 무렵). 아마도 바다 건너에 있는 노르웨이나 스웨덴에서 흘러들어온 것 같다. 수염을 기른 인물이 그려졌는데 로키로 추정된다.

☆ 어망을 가진 로키(18세기, 아이슬란드). 로키는 우수한 두뇌를 가졌다고 하며 기술적 측면에서 인류에게 은혜를 베푼 발명품은 어망뿐이었다.

☆ 로키는 발두르를 죽인 뒤에 붙잡혀서 감옥에 갇혔다. 잉글랜드 북부의 커비 스티븐에서 발견된 석판(9세기)은 이 장면을 묘사한 것이다.

☆ 영국의 캠브리아 카운티에 있는 성모마리아교회에 설치된 석비. 석비 아랫부분에 누워있는 상태로 손이 묶여있는 인물이 로키로 보인다. 그리고 로키의 결박을 풀려고 하는 여성은 로키의 아내인 시긴이라고 한다.

라그나로크

Ragnarök

신들을 멸망시킨 마지막 전쟁

◆◆◆

북유럽신화에 따르면 세계는 한 번 소멸되었다. 이 소멸의 원인은 라그나로크 전쟁이었다. 라그나로크에는 전조가 있었다. 기상이변이 일어나고 세계는 기나긴 겨울잠에 빠졌다. 끊임없이 지진이 일어나고 세계는 황폐해졌으며 생물은 멸종한다. 거기에 로키가 낳은 괴물 펜리르, 요르문간드가 신들과 전투를 벌이기 시작했다. 죽음의 신 헬이 신들을 태워버렸다. 오딘은 펜리르에게 잡아먹히고 토르는 바다괴물인 요르문간드(216쪽)와 싸우지만 승부가 나지 않았다. 이렇게 해서 양 진영 모두 희생자가 늘어났다. 전투 막바지에는 거인 수르트가 불을 뿜어냈다. 이 활활 타오르는 불길 덕에, 세계는 깡그리 불에 타서 신들도 거인도 괴물도 모조리 사라졌다. 하지만 불에서 도망친 두 사람이 최후의 전쟁에서 살아남아 그 피가 현재까지 이어진다고 한다.

★ 영국의 맨섬에 있는 석비(10~11세기). 오른쪽 석비에 있는 인물은 오딘으로 보인다. 어깻죽지에 새가 조각되어 있기 때문이다. 왼쪽 석비에는 커다란 십자가와 뱀과 인물이 새겨져 있다. 이는 그리스도가 악마의 유혹을 물리쳤다는 기록에서 따온 것이다. 이 한 쌍의 석비는 북유럽신화를 기독교와 융합시키려고 했던 증거로 여겨진다.

★ 스노리 스투를루손(1179?~1241)이라는 역사가가 엮은 《에다》(1220). 스노리는 북유럽신화를 정리하여 책으로 만들었다. 《에다》는 현재도 일곱 권의 필사본이 남아 북유럽신화를 전한다.

★ 12세기에 만들어진 태피스트리(스웨덴). 왼쪽에서 오딘, 토르, 프레이르(풍요의 신)으로 본다.

★ 라그나로크를 살아남은 남성 리프와 여성 리프트라시르(로렌츠 프뢰리히, Lorenz Frølich, 1895). 두 사람은 숲속에 몸을 숨겨 수르트가 내뿜은 불길 속에서 살아남았다고 한다.

발키리

용맹한 전사를 선별하는 여신

지위 : 주신 오딘을 섬기는 여신

발퀴레는 독일어, 왈퀴리아는 고대 노르드어, 발키리는 영어식 발음이다. 북유럽신화의 주신, 오딘을 모시는 여성들을 가리킨다. 그들의 역할은 전장에 가서 전사들의 전투를 관찰하고 생사를 정하는 것이다. 그리고 오딘을 위해 용맹하게 싸운 전사를 천상의 발할라로 인도한다.

발할라는 오딘의 궁전으로 '전사자의 관'이란 뜻이다. 발키리에게 선발된 용맹한 전사는 그곳에 머물며 최후의 전쟁 라그나로크에 대비한다.

그곳에 모인 전사의 영혼을 에인헤랴르(혹은 아인헤리어, 아인헤랴르)라고 한다. 그들은 발할라에서 발키리에게 발탁된 전사들과 똑같이 전투를 거듭하며 전사로서의 기량을 길렀다고 한다. 그리고 잠깐 쉬는 동안 발키리들은 그들의 영혼을 후하게 대접했다고 한다.

☆41쪽에서도 소개된 석비. 오 딘이 애마 슬레이프니르를 타 고 발할라에 도착한 순간으로 보이며 발키리가 오딘을 맞아 뿔모양의 잔을 바치고 있다.

☆ 덴마크에서 발견된 발키리를 연상시키는 액세서리(9세기 무 렵). 용맹한 전사의 상징으로 발 키리를 본뜬 장식품이 상당수 제작되었다.

☆ 헤르만 빌헬름 비센(Herman Wilhelm Bissen, 덴마크)의 발 키리(1835). 밀주를 뿔잔에 따 르는 모습. 포도를 재배하기 힘 든 북유럽에서는 꿀벌의 꿀로 만든 밀주가 지금도 대중적으 로 인기다.

☆ 아르보 페터 니콜라이(Arbo Peter Nicolai, 노르웨이)의 발키리(1864). 발키리는 종종 방패와 창을 들고 말을 탄다.

☆ 바그너(독일)가 쓴 《발키리》의 대본 (1899). 발키리는 지 금도 현대적인 작품 들, 특히나 일본에서 는 게임이나 애니메이 션에 종종 등장하는 데 이는 바그너 악극 이 크게 영향을 미쳤 다고 할 수 있다. 바그 너는 북유럽신화에서 힌트를 얻어 악극 〈니 벨룽의 반지〉를 창작 한다. 여기에서는 아 홉 명의 발키리가 등 장한다.

멜뤼진

Melusine

금기를 깬 남편 때문에 용이 된 요정

◆◆◆

지위 : 요정　　아버지 : 알바의 왕　　어머니 : 물의 요정 운디네
자녀 : 유리안, 우드, 르노 등

프랑스에서 기원한 인간과 인간이 아닌 존재(타 종족)가 혼인하는 이물교구설화. 프랑스 중부의 푸아투주의 뤼지냥이 전설의 발상지로 알려졌다. 중세의 성채 뤼지냥성은 뤼지냥 후작 레이몽의 아내 멜뤼진이 세웠다고 한다. 뤼지냥 백작은 일대를 지배하는 영주였다.

요정 멜뤼진은 토요일에만 하반신이 뱀이 되는 저주에 걸렸다. 그런 멜뤼진은 레이몽과 만나고 두 사람은 사랑에 빠진다. 멜뤼진은 토요일 하루만 아무도 만나지 않고 혼자 지내기로 약속하고 결혼하여 열 명의 아이를 낳은 뒤 행복한 가정을 이루며 산다. 어느 토요일 레이몽은 목욕하는 멜뤼진을 몰래 훔쳐본다. 레이몽이 본 멜뤼진은 하반신이 뱀인 괴물이었다. 괴물로 변한 모습을 남에게 보이면 용으로 변해서 영원히 원래의 모습으로 돌아가지 못하는 저주에 걸려있던 멜뤼진.

뱀의 모습을 들킨 멜뤼진은 용으로 변하여 성에서 날아가 버렸다.

★ 서적상 쿠드렛(Coudrette, 15세기 후반)이 지은 역사이야기 속에 나오는 멜뤼진 이야기의 삽화. 목욕하는 멜뤼진을 훔쳐보려는 레이몽이 그려져 있다.

★ 14세기 후반 이야기 작가 장 드아라스(Jean d'Arras, 프랑스)의 책에 있는 멜리쥔 이야기의 삽화. 용으로 변신한 멜뤼진이 그려져 있다.

★ 프랑스 파리에 있는 생 쉴피스 교회의 스테인드글라스. 프랑스를 중심으로 한 유럽에서는 꽤 이름이 알려진 요정이다. 멜뤼진은 프랑스가 위기에 빠지기 3일 전에 귀청이 찢어질 듯 소리를 질러서 경고해준다는 전설도 있다.

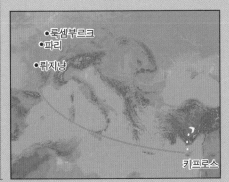

★ 뱀의 꼬리를 가진 여성의 전설은 키프로스, 그리스와 이집트에서 볼 수 있다. 아마 이 전설이 멜뤼진 이야기의 원형일 것이다. 지중해를 넘어 전해진 전설은 프랑스 중부에서 멜뤼진 이야기로 완성, 머지않아 유럽 전체로 퍼졌을 것이다. 일본에서는 이물교구설화로 〈히나가히메(肥長比売)〉 이야기 등이 있고 훔쳐보면 안 된다는 금기를 깬 이야기로서는 〈은혜 갚은 학(鶴の恩返し)〉 등이 있다.

★ 우크라이나 서부의 도시 리비우에 있는 멜뤼진 동상.

하멜른의 피리 부는 사나이

형형색색 화려한 옷을 입고 마을에서 아이들을 데려간 수상한 남자

독일의 하멜른이란 마을에 한 남자가 찾아왔다. 남자는 쥐를 없애줄 테니 그에 맞는 보수를 달라고 했다. 유럽에서 쥐라고 하면 페스트를 연상하는 사람이 있을지 모르지만, 페스트와 쥐의 관계를 의심하기 시작한 것은 19세기가 되고 나서다. 당시에는 그저 비축해놓은 식량을 갉아먹는 해로운 짐승으로 여겼을 뿐이다. 마을사람들은 남자의 제안을 받아 쥐를 없애달라고 부탁했다.

남자는 피리를 불면서 마을을 걷기 시작했다. 그러자 쥐가 우르르 집밖으로 나가더니 남자의 꽁무니를 졸졸 따라가기 시작했다. 남자는 쥐를 베저 강으로 데리고 가서 물에 빠트려 죽였다. 남자는 마을사람들에게 원하는 대로 해줬으니 보수를 달라고 했다. 하지만 마을사람들은 애초에 사라진 쥐는 남자가 훈련시켜 마을에 풀어놓은 것이고 이 모든 게 사기라고 주장했다. 화가 난 남자는 어른들이 교회에 모여 있는 시간에 다시 피리를 불어서 마을에 있는 아이들을 데리고 어딘가로 사라졌다. 일설에는 아이들도 강으로 데리고 가서 물에 빠트려 죽었다고 한다.

★'하멜른의 피리 부는 사나이'가 그려진 가장 오래된 자료다. 원래는 하멜른의 마르크트교회에 있던 스테인드글라스화. 이 교회는 1300년 무렵에 건설되었으나 1660년에 파괴되어 지금은 존재하지 않는다. 따라서 이 스테인드글라스에 그려진 그림이 가장 오래된 사료다. 이 그림에는 마을을 나온 한 무리의 사람들이 동굴로 향하고 있다. 일설에는 남자가 아이들을 동굴로 데리고 가서 안쪽에서 바위로 막고 두 번 다시 돌아오지 않았다고 하는데, 이 그림은 이 장면을 그린 것이다.

★14세기 초기 로카토르(Lokator)(영어로는 로케이터(Locator))를 설명하는 그림. 로카토르란 독일에서 동쪽에 있는 폴란드 등으로 이주를 권유하는 모집인을 가리킨다. 로카토르는 종종 화려한 옷을 입고 청년들을 데리고 동쪽으로 갔다고 한다. 이 로카토르가 하멜의 피리 부는 사나이의 모델이라는 설이 있다. 12~14세기, 독일인은 동으로, 동으로 끝없이 이주했다. 슬라브인들이 사는 일대에는 강력한 지배자가 없었기 때문이다. 한편, 독일 이서에서는 인구가 점점 늘어나고 영토분쟁으로 토지를 잃자 기사와 농민들에게는 새로운 토지가 필요했다. 그래서 영주는 로카토르를 고용하여 동쪽으로 이민을 권장했다. 이 사건이 이야기의 바탕이 되었다고 한다.

✷ 독일인(게르만인)의 동방이주

독일을 떠난 독일인은 주로 발트해 연안의 동프로이센, 현재의 에스토니아와 슬로베니아, 체코의 주데텐으로 건너갔다. 저 멀리 우크라이나까지 가서 뿌리내린 독일인도 있다. 그래도 그곳에 사는 슬라브계 주민과 관계가 나빠지지 않았던 것을 보면 그곳에 가서 수탈보다는 미개척지를 개척했을 것이다. 머지않아 독일의 영토가 동쪽으로 확장되지만, 15세기에 폴란드의 침략을 받고 서쪽으로 쫓겨난다. 이때, 일부 주민은 그곳에 그대로 남아 뿌리내리는데 이것이 독일계 주민이 폴란드와 체코 일부에 남겨진 경위다. 20세기에 들어서면 나치독일은 이 점을 이용하여 영토 확장의 야망을 드러낸다.

Saint George

성 게오르기우스

?-303?

드래곤을 물리치고 포교에 성공한 성인

◆◆◆

지위 : 군인

현재의 터키 동부 카파도키아 출신 고대 로마 군인으로 기독교 세계에서는 성인으로 추앙받는다. 특히 영국에서는 '잉글랜드의 수호성인'으로 친근한 인물이다. 로마황제 디오클레티아누스는 로마 신에 대한 믿음을 강요하고 기독교 신자를 박해했다. 게오르기우스도 로마 신을 숭배하라고 명령받았으나 이를 거부했고 갖가지 고문을 받고도 기독교에 대한 믿음을 저버리지 않다가 결국 순교했다. 이 일화에 11세기 무렵에 용을 퇴치하고 기독교로 개종을 권한다는 에피소드가 추가되었다. 기독교 사회에서는 저명한 인물이지만 '세인트 조지', '조지', '조지아' 같이 그의 이름에서 유래한 이름으로 우리에게도 친숙한 인물이다.

★ 흰 바탕에 붉은색 십자가가 상징

1382년에 그려진 성 게오르기우스와 공주의 삽화. 용을 퇴치한다는 이야기가 탄생한 계기가 된 장면이다. 리비아의 시레나라는 곳에 독을 뿜는 용이 살았는데 국민은 산 제물을 바치고 나서야 겨우 목숨을 부지할 수 있었다. 산 제물은 뽑기로 정해졌고 어느 날, 공주가 그 제비를 뽑았다. 공주는 산 제물이 되려고 용이 사는 곳을 향하는데, 게오르기우스가 마침 그곳을 지나가고 있었다. 게오르기우스는 성호를 그은 후 용에게 달려들어 창으로 용을 찌르고 중상을 입혔다. 그리고 공주의 허리띠로 용의 목을 걸고 공주와 함께 시레나로 돌아온다. 용을 데려온 게오르기우스에게 두려움을 느끼는 국민. 게오르기우스는 기독교로 개종하면 여기서 당장 이 용을 죽이겠다고 말한다. 게오르기우스의 제안에 시레나의 왕을 포함한 만오천 명이 기독교로 개종했다고 한다.

★ 16세기에 제작된 게오르기우스가 받은 고문을 가리키는 성상화. 일설에는 하루에 한 종류의 고문을 7일간 받았고, 또 다른 일설에는 7년간에 20종류가 넘는 고문을 받았다고 한다. 어느 쪽이든 평범한 사람이라면 견디지 못하고 도중에 사망했을 것이다. 하지만 게오르기우스는 신의 가호를 받아 한 번 죽었다가 다시 살아나 박해도 의미가 없다는 걸 보여주었다고 한다. 그리스어로 전해 내려오는 전승에는 거듭된 고문에도 다시 살아나는 모습을 보고 기독교로 개종하는 자도 나왔다. 그리고 로마황제 디오클레티아누스의 황후 알렉산드라마저도 게오르기우스가 믿는 신을 믿게 되었다. 이에 황제가 격노하여 황후와 게오르기우스의 목을 치라고 명했다. 알렉산드라는 죽기 직전 게오르기우스에게 "나는 세례를 받지 않았으니 내 죽음은 순교로 보이지 않겠죠?"라고 물었다. 게오르기우스는 "두려워하지 마세요. 당신은 당신이 흘린 피로 세례를 받을 겁니다"라고 대답했다. 게오르기우스는 결국 황제의 아내와 함께 순교했다.

★ 영국의 국기 유니언잭은 연합왕국을 구성하는 세 나라 수호성인의 상징을 조합했다. 잉글랜드의 국기는 물론 게오르기우스의 상징이다.

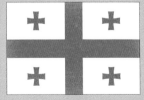

★ 조지아의 국기는 게오르기우스의 상징, 흰 바탕에 붉은 십자가와 네 개의 예루살렘 십자가를 조합했다.

프레스터 존

어딘가에 있다는 환상의 기독교 국가를 건국

중세 유럽은 동방에서 몽골제국이 터키와 이베리아반도, 아프리카에서 이슬람 세력이 쳐들어올 거라는 불안감과 막막함을 느끼고 있었다. 그런 정황에 쫓기고 있어서였을까. 이들 기독교권의 나라에서는 유럽이 아닌 어딘가 다른 나라에 기독교를 믿는 유토피아가 있을 거라고 몽상했다. 이것이 '프레스터 존'이라는 인물이 다스리는 기독교 국가다. 이 전설은 12세기, 독일 주교 오토가 역사서에 유럽에서 멀리 떨어진 동방에 강대한 기독교 국가가 있고 그 나라의 군대가 예루살렘을 탈환하려 실패했다고 기록해놓은 것이 시작이다. 이 전설은 머지않아 멋대로 퍼져나가기 시작하여 사람들이 머나먼 곳에서 전설의 나라를 찾는 지경에 이르렀다. 답답한 정세 때문이었을까. 점점 더 이 전설에 몰입하더니 급기야 그 곳에 가봤다는 사람까지 등장했다.

하지만 당연히 동아시아, 아프리카에는 이스라엘 탈환을 시도하던 기독교 국가가 존재하지 않았고 17세기에 접어들면서 사람들의 열광도 자연스레 식어버렸다.

★ 1258년에 바그다드를 포위하는 몽골병사를 그린 그림.

✯ 몽골제국과의 동일성

13세기, 이스라엘 근처 기독교권에 있는 아크레의 주교는 교황에게 기독교 국가의 왕이 이슬람세력과 전쟁을 했다고 보고한다. 주교는 동아시아의 대부분을 정복하고 유럽까지 세력을 넓히던 칭기스칸을 알고 있었다. 그리고 칭기스칸의 나라 몽골제국에 프레스터 존이 있다고 생각했다. 또 몽골제국을 방문했던 마르코 폴로도 아시아에 있는 기독교 국가에 대해 언급했다. 하지만 몽골제국이 쇠퇴하자 몽골제국과 프레스터 존의 나라가 같은 나라인지 조사하려는 열의도 식었다.

✯ 아프리카 동부로 추정

아시아에서 프레스터 존의 나라를 찾지 못한 사람들은 아프리카야말로 기독교 국가가 있을 거라고 생각했다. 이 생각의 기초가 된 것이 에티오피아다. 에티오피아는 4세기에 한 번 기독교화되었고 현재도 기독교신자가 가장 많은 인구를 차지하고 있는 나라다. 그래서 유럽 사람들은 이 에티오피아의 왕이야말로 프레스터 존이라고 생각했다. 이를 근거로 기독교 권력자와 주교들이 아프리카 동부에 조사단을 파견했으나 거기에서도 프레스터 존의 족적은 발견하지 못했다.

★ 16세기에 그려진 아프리카 지도. 노란색으로 테두리 쳐진 지역을 프레스터 존의 나라라고 믿었다.

★ 16세기에 그려진 다른 아프리카 지도에는 에티오피아 부근에 프레스터 존이 표시되어 있다.

교황 요안나

Pope Joan

남장을 하고 교황의 자리까지 올라간 전설의 여성

◆◆◆

지위 : 로마교황(재위 855~858년?)   아버지 : ?   어머니 : ?   자녀 : ?
후계자 : 베네딕토 3세

9세기에 레오 4세와 베네딕토 3세 사이에 재위했다고 추정되는 여성 교황이다. 이 여성에 관해서는 여러 가지 설이 있는데 큰 줄거리는 다음과 같다.

사랑하는 남자의 옷을 입었던 가난한 여성이 아테네에서 열심히 공부를 했다. 그 결과, 온갖 지식을 쌓고 머지않아 로마에서 교직을 얻는다. 그(그녀)의 명성은 순식간에 온 로마에 퍼지고 교황 후보로 추천도 받는다. 마침내 여성임을 숨기고 교황의 자리에 올랐으나 임신하고 사람들 앞에서 아이를 낳는다. 사랑하는 남자와 낳은 아이였다고 한다. 곧바로 로마의 '정의'에 따라 그녀는 체포되어 온 시내에 끌려 다니며 날아오는 돌에 맞았다. 그리고 결국에는 아이와 함께 숨을 거두었다.

현대의 조사에 따르면 그녀는 실존인물이 아니다. 교황 요안나는 씁쓸한 뒷맛을 남기는 전설임에도 중세 유럽에서 '역사'로 믿는 사람이 많았는데 현재도 서구에서는 창작물의 소재로 인기를 모으고 있다.

★ 조반니 보카치오(Giovanni Boccaccio, 1313~1375)가 남긴 요한나의 출산 기록 (1362). 성직자들의 엄한 눈초리와 민중의 험악한 표정이 인상적이다. 이 이야기의 배경에는 당시 절대 권력을 가진 로마 교황에 대한 비판적 시각이 느껴진다. 교황의 강한 권력을 스캔들로 추락시키려는 의도였을 것이다. 그렇지만 이 이야기가 정말 가슴 아픈 이유는 이 전설에 다분히 여성을 멸시하는 시각이 느껴지기 때문이다. 한편, 요한나가 출산한 아이는 사내아이라고 하며, 이 아이는 무사히 자라 훗날 주교가 되어 어머니의 시신을 정중히 이장했다는 일화도 남아있다.

★《신약성서》요한 묵시록에는 '바빌론의 대탕녀'에 관한 기록이 있다. 그녀는 '모든 혐오스러운 것들의 어머니'로 여겨진다. 중세 유럽에서는 종종 이 바빌론의 대탕녀를 요한나로 묘사했다.

★ 타로카드의 여교황(The High Priestess)은 요한나로 보인다. 가톨릭 세계에서 여성은 교황의 자리에 오르지 못하기 때문이다. 그렇다면 모티프는 전설의 여교황 요한나밖에 없다. 이 카드는 여성이 책을 들고 있어 '지성', '총명'을 의미한다. 독학으로 교황의 자리까지 오른 그녀와 잘 어울리는 속성이라 하겠다.

★ 요한나 사건 이후, 교황이 될 사람은 고환의 유무를 조사했다고 하는 전승을 그린 그림. 이 또한 교회 권력에 대한 저항의 표시일 것이다.

Seven Archangels

7대 천사

천계에서 파견된 신의 사자

◆◆◆

《구약성서》와 《신약성서》에 나오는 신의 사자. 신과 인간을 이어주는 역할로 신의 메시지를 전하러 인간 세상에 내려온다. 유대교, 로마 가톨릭교 등에서는 신앙의 대상이 되지만, 프로테스탄트에서는 신의 대리인에 불과하다며 대수롭지 않게 여긴다. 그런 이유로 천사의 위계나 각각의 캐릭터에 관해서는 로마 가톨릭교회의 교리가 제일 정통하다.

가톨릭에서는 천사 중에서도 특별히 일곱 천사를 꼽는다. 그들의 이름에는 이설이 분분한데 1140년에 세워진 이탈리아 팔라티나 예배당에는 미카엘, 가브리엘, 라파엘, 우리엘, 바라키엘, 예후디엘, 셀라피엘이라고 기록되어 있다. 처음에 나오는 세 천사는 어느 기록을 봐도 이름이 거의 고정이지만 나머지 네 천사는 조금씩 다르다. 다시 말해 성서의 기록, 혹은 신학자들의 견해에 해석의 여지가 있다는 뜻이다.

성서에 이름이 나오는 천사는 미카엘, 가브리엘뿐이며 이 두 천사를 대천사라고 한다.

★ 영국 이스트 서섹스 주 브라이튼에 있는 세인트미카엘앤올엔젤스 교회(St.Michael's and All Angels Church, 성미카엘과 모든 천사들의 교회)의 스테인드글라스(1862년). 왼쪽부터 미카엘, 가브리엘, 우리엘, 카마엘, 라파엘, 요피엘, 자드키엘.

★ 기독교의 삼대 분파 중 하나인 동방정교회의 성서화(19세기). 중앙에 붉은색 옷을 입은 그리스도가 있고, 왼쪽부터 예후디엘, 가브리엘, 셀라피엘, 미카엘, 우리엘, 라파엘, 바라키엘이다. 천사의 발밑에는 한 명의 세라프(붉은색)와 두 명의 케루빔(회색)이 있다. 세라프(복수형으로 세라핌)는 불 같은 색을 띠고 하늘을 달리며 신의 옥좌 옆에서 신을 찬양하는 자를 말한다. 케루빔(단수형으로 케루브)은 지천사라는 뜻으로 하느님이 최초의 인간 아담과 이브를 낙원에서 추방했을 때, 그들이 낙원에 있는 '생명의 나무'에 도달하지 못하게 하는 임무를 맡은 자다.

★ 이탈리아 화가 프라 안젤리코(Fra Angelico, 1400경~1455)가 그린 〈수태고지〉. 프라도미술관. 《신약성서》에는 대천사 가브리엘이 마리아에게 신의 자식을 임신했다고 알려주었다고 기록되어 있다.

★ '대천사 미카엘'의 성서화(13세기). 이집트의 시나이 반도에 있는 성 카타리나 수도원. 수호천사로 알려졌고 성서에는 천사 군단을 이끌며 신에게 반역한 악마와 그 사자들과 싸워 승리했다고 기록되어 있다.

Fallen angel

타락천사

신을 배반하고 지상으로 추방당한 천사

성서에서 언급된 신과 대립하는 세력. 신은 불로 천사를, 흙으로 인간을 창조했다고 한다. 머지않아 천사 중에 중요한 역할을 하던 대천사가 신을 배반한다. 일설에는 그 이름을 루시퍼라고 한다. 성서에는 루시퍼가 신을 배반한 이유가 나와 있지 않다. 다만 사탄(악마)이 된 루시퍼는 인간의 일에 지나치게 간섭하는 신을 보고 고작 흙으로 만든 인간을 총애한다며 달갑지 않게 여겼다고 한다. 그래서 인간이 신을 배신하도록 간계를 꾸며서 신에게 복수하려 했다는 견해가 있다. 성서에 따르면 그 계획은 성공하여 최초의 인간인 아담과 이브는 신의 가르침을 거역한다. 이때 두 사람을 꼬드긴 뱀이 사탄이다. 성서에는 사탄을 따르는 천사도 종종 나오는데, 이들은 천상계에서 떨어진 타락천사들로 지상에서 부귀영화를 자랑한다고 한다. 이렇게 지상에서 만연한 타락천사들을 하느님의 아들이 멸망시키는 것이 세계의 종말 '하르마게돈(아마겟돈)'이다.

✮〈반역천사의 타락〉. 영국의 윌리엄 드 브레일스(William de Brailes, ~1260)의 작품이다. 천계를 그렸는데, 중앙에 하느님, 천지 좌우에 천사가 그려져 있다. 하느님을 거역한 천사는 아래쪽에 위치하며 천계에서 지옥 입구로 곤두박질친 모습이다. 짐승의 모습을 한 지옥에 잡아먹힌 천사는 색이 탁해진다.

✮〈타락천사〉. 스페인 조각가 리카르도 벨버(Ricardo Bellver)의 작품(1877년).

✮〈반역천사의 추락〉. 플랑드르(현제의 네덜란드)의 화가 피터르 브뤼헐(Pieter Brueghel)의 회화(1562년). 미카엘이 이끄는 천사 군단이 타락천사와 벌인 전쟁을 그렸다. 그림 위쪽 가운데 동그란 부분이 천계이고 거기에서 지상으로 떨어진 타락천사들. 천계에서 떨어진 직후 타락천사는 인간의 모습을 하고 있지만 아래로 내려갈수록 추한 요괴의 모습으로 변한다. 중앙에 있는 천사가 미카엘.

사바트(안식일)

Sabbath

어두운 밤이면 모이는 마녀와 악마

◆◆◆

중세는 물론이고 근세에 이르기까지 유럽에서는 마녀가 있다고 믿었다. 마녀들은 악마와 어울리며 악마로부터 초자연적인 능력을 배워 사람들을 현혹시키고 신에 대한 믿음을 방해했다고 한다. 또 악마와 어울리기 위해 자주 집회를 열었다고 한다. 이것이 사바트다. 사바트에는 악마도 참가하여 마녀와 성교를 했다고 전해진다. 집회를 하면 성대한 연회가 열리는데, 어린 아이의 고기도 나왔다고 한다.

마녀 전설은 주술로 병을 고치는 여성, 주술 의식을 행하는 여성들이 마녀로 변화하고 형성되었을 것이다. 거기에 기독교가 포교되면서 그들은 악마로 정의되었다.

★ 사바트를 그린 최초의 작품으로 15세기 삽화. 염소의 모습을 한 악마와 무릎을 꿇은 마녀들이 보인다. 저 뒤엔 요괴를 타고 사바트를 방문하는 마녀의 모습도. 그리스신화와 이집트신화에서 염소는 신을 상징했다. 예로부터 신을 상징했던 것을 기독교에서 악마화한 경우도 많다. 마녀처럼 구세대의 상징을 훼손시키려는 전략이었을지도 모른다.

★ 스페인의 화가 루이스 리카르도 팔레로(Luis Ricardo Falero, 1851~1896)가 그린 사바트. 제목은 〈축제의 마녀들〉혹은 〈발푸르기스의 밤, 마녀의 출발〉(1878년). '발푸르기스의 밤'이란 원래 대규모로 열리는 사바트를 뜻하며 5월 1일에 열린다. 현재 독일에서는 이 날 '부활절의 화톳불'을 피우는 축제를 연다. 마녀들의 대규모 집회가 열리는 날을 기독교 행사로 전환한 것이다.

★ 요한 야콥 윅(Johann Jakob Wick, 1522~1588)의 연대기에서. 악마는 옥좌에 앉아 사람들에게 마법의 물약을 나눠주고 마녀는 이를 제조하고 있다. 한 마녀는 악마의 항문에 입을 맞추고 있다. 성행위가 지저분할수록 사탄이 기뻐한다고 생각했다.

스페인

대서양

모로코

테네리페섬

서사하라

★ 대서양에 있는 테네리페섬(스페인령 카나리아제도)의 산에서 사바트가 열렸다는 전승이 전해 내려온다. 실제로 이곳 산에는 마녀와 안식일에 관한 전설이 숱하게 남아있다.

성배전설

Holy Grail

병과 상처를 치료하는 전설의 성스러운 유물

성배는 아서왕(8쪽) 이야기에서 언급했는데, 성배에 관한 전설은 이후에도 쭉 전해 내려왔다. 아서왕 이야기에서는 갑자기 등장하여 원탁에 둘러앉은 기사들이 먹고 싶어 하는 음식을 내놓은 뒤에 홀연히 사라진다. 이를 본 아서왕은 그것이 모든 상처를 낫게 해주는 전설의 성배임을 확신한다. 오랜 상처의 후유증으로 통치에서도 손을 뗀 친구 펠레스왕(별명 '어부왕')의 상처를 치료하기 위해 아서왕은 원탁의 기사들에게 성배를 찾아오라고 명령한다. 하지만 기약없는 성배를 찾는 여행에서 수많은 기사가 목숨을 잃는다.

이 중, 퍼시발, 갈라하드, 보어스 세 명은 가까스로 성배가 있는 성에 도착한다. 갈라하드가 성배를 잡는 순간, 가장 순결한 기사로서 성배, 아니 하늘의 부름을 받고 세상을 떠난다. 그 장면을 지켜본 퍼시발은 충격을 받은 나머지 종교에 귀의하고 얼마 안 있어 같은 곳에서 숨을 거둔다. 홀로 남은 보어스는 그간의 경위를 전하기 위해 아서왕에게 돌아간다.

★ 15세기 후반에 쓰인 아서왕 전설 사본에 들어있는 삽화. 홀연히 원탁에 나타난 성배가 그려져 있다.

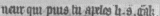

★ 14세기에 쓰인 《퍼시발, 혹은 성배 이야기》의 한 구절을 그린 삽화. 12세기 말 프랑스의 시인 크레티앵 드 트루아(Chrétien de Troyes)의 이 책이 성배를 등장시킨 최초의 서적으로 일컬어진다. 기사가 되려고 수행 중이던 퍼시발이 어부왕이 사는 성에 초대받았을 때 성배는 등장한다. 퍼시발은 성 안에서 피를 흘리는 창과 성배를 받드는 시동들의 신비한 행렬을 목격한다. 놀라서 말없이 성을 빠져나온 퍼시발이 뒤를 돌아보자 성은 통째로 사라지고 없었다. 그 후에 이 이야기를 잠자코 듣던 퍼시발의 사촌여동생이 "오라버니가 그 성배는 누구 건가요, 라고 물었더라면 어부왕의 병은 깨끗이 나았을 거예요."라고 성배의 수수께끼를 풀었다고 한다.

★ 14세기 전반의 프랑스에서 그려진 사본 세밀화. 유대인 기사(상인이라고도 한다)인 아리마태아의 요셉이 십자가에 매달린 예수의 피를 성배에 받고 있다. 그 뒤, 요셉은 부활한 예수에게 성배를 지켜달라고 말하고 브리튼섬으로 떠났다고 한다. 크레티앵이 죽은 후, 그의 책에 나온 성배가 아리마태아의 요셉의 성배였다고 알려지자 기독교 및 기사와 엮이며 전설이 되었다. 또 퍼시발이 어부왕의 성에서 본 창도 예수의 옆구리를 찔러 숨통을 끊은 '롱기누스의 창'이라고 한다.

연금술과 현자의 돌

Alchemy & Philosopher's stone

근대화학으로 이어지는 신비의 비술

비금속을 귀금속, 특히 금으로 바꾸는 기술은 고대 이집트와 고대 그리스에서 시작되었다. 만물은 불, 공기, 물, 흙의 네 원소로 이루어졌다는 아리스토텔레스의 철학에 기초하여 사원소의 조합을 바꿔 금을 만들어내려고 했는데, 머지않아 '현자의 돌'이라고 불리는 촉매가 필요하다는 생각이 퍼진다. 현자의 돌에는 병을 고치고 늙지도 죽지도 않는 불노불사의 힘이 있다고 믿었고, '엘릭서'란 이름으로 불리기도 했다.

이슬람세계를 거쳐 12세기에 연금술이 유행하게 되자, 유럽의 연금술사들도 현자의 돌을 만들기 위해 정열을 불태웠다. 머지않아 연금술은 사기 마술이라며 교회에서 탄압을 받았으나 실증적 학문으로 보려는 사람들도 나타나는데, 후자는 화학의 발전으로 이어진다. 그리고 16세기에는 연금술로 만든 화합물을 의약품에 응용한 파라켈수스란 인물도 등장한다. 근대 과학이 꽃을 피운 17세기에는 보일과 뉴턴도 연금술을 연구했다고 한다.

★ 중세에 그려진 알렘빅(Alembic, 증류기) 그림. 연금술은 각종 실험기구를 탄생시키고 근대화학의 발달에 이바지했다고 일컬어진다.

★ 19세기에 그려진 니콜라 플라멜의 초상화. 중세부터 르네상스기에 걸친 유럽에서는 여러 연금술사의 전설이 탄생했는데, 그 중에서도 13세기 후반부터 14세기 초반까지 프랑스에서 출판업을 하던 니콜라 플라멜은 연금술사로도 유명하여 현자의 돌을 제조하는 데 성공했다는 전설이 남아있다. 이 전설에서 출발한 영국의 인기소설《해리포터와 마법사의 돌》에는 그의 영어 이름 '니콜라스 플라멜'이 등장한다.

★ 1676년에 쓰인 파라켈수스 저작집에 그려진 파라켈수스의 초상화. 파라켈수스는 연금술을 의학에 응용하려고 납, 수은, 비소 등의 화합물을 치료제로 썼고 실제로 치료효과를 입증했다. 그래서 '의화학의 시조'로도 불린다. 한편으로는 신비주의적 면모도 있어서 플라멜과 함께 현자의 돌을 만드는데 성공했다거나, 인조인간 '호문쿨루스'를 만들었다는 전설도 있다.

★ 르네상스 화가 피테르 브뤼헐이 1558년에 그린 〈연금술사〉. 브뤼헐은 연금술사를 통해 어리석은 행동을 하는 인간에 대해 꼬집었는데, 두 명의 제자에게 지시를 내리는 연금술사의 집안에는 한가운데서 텅 빈 지갑을 확인하는 아내가 있다. 그 뒤에는 먹을 게 없는지 찬장을 뒤지는 아이들과 빈궁한 연금술사의 아내들을 위로하는 수녀도 그려져 있다. 연금술에 대해 회의적 시각이 있었음을 엿볼 수 있다.

지크프리트

유일한 약점을 공격당한 영웅

지크프리트 전설은 13세기 초기에 나온 서사시 《니벨룽의 노래》에 집약되어 있다.

네딜란드의 왕자 지크프리트는 니벨룽족을 멸망시키고 명검 발퉁과 입으면 열두 명의 힘을 낼 수 있는 투명 망토를 얻는다. 또 용을 퇴치하다 온몸에 용의 피를 뒤집어쓰고 피부가 단단해져서 불사신이 된다. 하지만 피를 뒤집어쓸 때, 보리수 나뭇잎이 붙어서 피가 묻지 않았던 등 부분이 유일한 약점이 된다.

그 후 부르군트의 왕 군터와 아이슬란드 여왕 브륀힐트의 결혼을 도운 지크프리트는 그 보답으로 군터의 누이 크림힐트와 결혼한다. 어느 날, 크림힐트가 말다툼을 하다 브륀힐트를 심하게 모욕한다. 군터의 중신 하겐은 말다툼의 원인이 된 지크프리트에게 복수하려고 지크프리트의 약점을 알아내어 그의 등을 찔러 살해한다. 복수를 맹세한 크림힐트는 훈족의 왕 에첼(아틸라)과 재혼하여 부르군트왕국을 멸망시킨다.

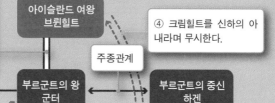

지크프리트의 인물상관도

③ 신혼초야, 결혼을 납득하지 못한 브륀힐트는 군터를 발가벗겨 묶은 다음 천정에 매달아놓는다. 다음 날 밤, 군터로 변장한 지크프리트가 침실로 들어가 브륀힐트를 쓰러트린 후 바로 군터와 교대하고 두 사람은 초야를 치른다.

아이슬란드 여왕 브륀힐트

④ 크림힐트를 신하의 아내라며 무시한다.

주종관계

부르군트의 왕 군터

부르군트의 중신 하겐

① 여걸 브륀힐트는 자신과 싸워서 이긴 자와 결혼하겠다는 조건을 내걸었다. 이에 지크프리트는 투명 망토를 입고 군터가 이길 수 있게 도와준다. 군터는 바라던 대로 브륀힐트와 결혼한다.

⑤ 초야에 브륀힐트를 굴복시키고 처녀성을 빼앗은 자는 지크프리트라며 크림힐트가 모욕을 준다.

군터의 누이 크림힐트

② 브륀힐트와의 결혼을 성공시킨 대가로 크림힐트와의 결혼을 인정받는다.

지크프리트

⑥ 브륀힐트와 공모. 크림힐트에게서 지크프리트의 약점을 알아내 틈을 봐서 지크프리트의 등을 창으로 찔렀다.

★ 브레멘의 뷔르거공원에 있는 용을 퇴치하는 지크프리트 조각상. 콘스탄틴 다우쉬(Constantin Dausch) 작품(1890년).

★ 군터를 매달아놓은 브륀힐트. 요한 하인리히 퓌슬리(Johann Heinrich Füssli) 작품(1807년).

Doctor Faustus

파우스트 박사

신을 버리고 악마와 계약한 남자

파우스트 전설은 16세기 독일에 실존했던 요한 게오르크 파우스트가 모델이라고 한다. 점성술사이자 연금술사로서 각지를 떠돌아다니던 그는 연금술 실험을 흑마술을 하는 것처럼 속여서 동시대의 종교개혁가 마틴 루터에게 비난을 받았다. 또 1540년경, 연금술 실험 도중에 일어난 폭발로 형체도 없이 사망했는데, 그 비극적 최후로 말미암아 악마와 계약했다는 말이 나오기도 했다.

전설에 따르면 학자로서 한계를 느낀 파우스트는 신을 버리고 악마에게 모든 지식과 쾌락을 얻을 수 있는 마력을 구한다. 그때, 악마의 대리인 메피스토펠레스가 나타나 24년간의 유예기간을 거쳐 그의 죽은 영혼을 사겠다는 계약을 맺는다. 이렇게 해서 파우스트는 모든 향락을 손에 넣었으나 계약 기한이 다가오자 과거를 후회하며 죽어간다.

괴테는 파우스트 전설을 바탕으로 원죄에 빠진 파우스트가 소녀 그레트헨의 사랑으로 구원을 받는다는 일화를 더하여 희곡 《파우스트》를 쓴다.

★ 독일 우표에 그려진 파우스트와 메피
스토펠레스.

★ 19세기 영국의 화가 리처드 웨스톨(Richard Westall)이 그린 파우
스트와 릴리스. 괴테의 희곡 《파우스트》에서는 악마였던 아담의 첫 번
째 아내 릴리스가 파우스트를 유혹한다.

★ 19세기 프랑스의 화가 외젠 들라크루
아(Eugène Delacroix)가 그린 메피스토
펠리스.

★ 1808년에 간행된 괴테의 희곡 《파우스트》의 제1부.

★ 19세기에 그려진 호문쿨루스(인조인간)
를 만들고 있는 파우스트의 삽화.

현대로 이어지는 판타지의 계보

중세의 작품이 원류가 되었다

판타지는 현실과는 다른 초자연적인 세계를 주제로 한 문학, 영화, 게임 등의 작품을 가리킨다. 유럽에서는 고대에서 시작되어, 중세에 서적으로 집대성된 《아서왕 이야기》(8쪽)와 《니벨룽의 노래》(68쪽)등의 신화나 전설에서 그 기원을 찾는다.

세계의 문학사조를 보면, 19세기 중엽부터 낭만주의에 맞서 상상을 배제하고 현실을 있는 그대로 그려야 한다는 사실주의(리얼리즘)가 대두된다. 그리고 20세기 중반에 들어서면 사실주의에 대항하는 흐름으로 그 작품 속의 설정이 모순되지 않게 완성된 공상세계를 그리는 판타지가 등장한다. 그 효시가 된 것이 영국의 문헌학자이자 작가인 존 R.R.톨킨(1892~1973)이다.

영국에서 가장 오래된 전승의 하나로 8~9세기경에 쓰인 용을 퇴치하는 영웅담 《베오울프》 연구의 일인자였던 톨킨은 풍부한 신화와 전승의 지식을 활용하여 1954년에 《반지의 제왕》을 출판. 이 작품이 크게 히트하면서 톨킨의 세계관은 현재에 이르기까지 판타지 작품의 근간이 되었다. 가령, 영화와 게임 등의 판타지작품에 자주 등장하는 호빗, 오크, 엘프, 드워프 등은 톨킨이 중세의 전승을 바탕으로 창조해낸 가공의 생물이다. 또 용과 마법사, 기사, 현자의 돌과 성배와 같은 아이템도 중세적 세계관이 배경이 되는 톨킨작품의 영향을 받으면서 판타지작품에 빼놓을 수 없는 요소가 되었다고 할 수 있다.

★ 카를로 크리벨리(Carlo Crivelli) 작품 1470년경. 사악한 드래곤 파프니르의 목을 창으로 찌른 후 마검 그람으로 최후의 일격을 가하려는 지크프리트. 당시 사람들이 생각하는 용은 현대인의 생각보다 훨씬 약했다.

★ 《성배 전설》의 한 장면으로 말에 탄 사람이 갈라하드다. 아서 휴즈(Arthur Hughes) 작품(1865년경). 19세기에 이미 현대의 영웅적 판타지의 기틀이 잡혔다.

제 3 장

중세유럽의 농촌

중세 농촌의 성립

고전 장원에서 순수한 장원, 그리고 자영농으로

고대 로마 말기에 토지와 함께 매매되던 콜로누스(소작인)를 투입하여 농사를 짓는 콜로나투스라는 농업형태가 있다. 이것이 중세의 농노제의 선구적 형태였다고 일컬어진다. 농노는 전쟁노예와 다르게 가족과 주거, 농기구의 소유권은 인정받았지만, 자급자족적 장원을 경영하는 영주의 지배를 받았고 이동의 자유와 직업선택의 자유가 없었다.

장원 안에는 영주의 직영지와 농노의 가족이 경영하는 보유지 외에 삼림과 목초지, 호수와 늪 등의 공유지가 있었다. 농노는 영주에게 보유지를 빌린 대가로 생산물 지대를 냈다(공납). 그 외에 일주일에 이삼일씩 영주의 직영지를 경작하는 노동 지대(부역)의 의무가 있었다.

이러한 형태를 '고전장원'이라고 하며 10세기 무렵에는 서유럽 전역에서 볼 수 있었다.

★《베리 공작의 아주 호화로운 시도서》(3월). 영주의 저택(안쪽)과 가까운 농장에서 일하는 농노들이 그려져 있다. 소와 말이 이끄는 무거운 쟁기(맨 앞)의 등장과 농지를 춘경지, 추경지, 휴경지로 나눠 지력을 회복시키는 삼포제농법의 보급으로 생산량이 늘어났다.

✵ 장원의 붕괴

하지만 중세 유럽에 농노만 있었던 것은 아니다. 소유지가 있는 자유농민도 적지 않았다. 그런데 9~11세기에 접어들어 노르만인(바이킹)의 이동으로 사회가 혼란해지자 자유농민 중에는 기사나 교회 영주에게 비호를 받으려고 제 발로 종속민이 되는 농민도 있었다. 강력한 무력을 갖지 못한 자유농민에게는 비호가 필요했던 것이다.

11세기 이후에 도시와 상업의 발달로 화폐경제가 확산되자 영주는 자급자족에 필요한 직영지를 농노 보유지로 나누고 생산물 지대와 돈으로 받는 화폐 지대로 경영하는 '순수장원'으로의 변화를 모색한다. 더욱이 화폐경제가 진행되자 부를 축적한 농노가 돈을 내고 각종 의무에서 해방되는 자영농민이 되는 경우가 많아졌고, 이윽고 14세기경 장원제는 붕괴되었다.

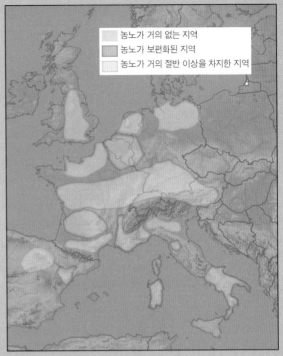

농노가 거의 없는 지역
농노가 보편화된 지역
농노가 거의 절반 이상을 차지한 지역

☆ 중세 서유럽의 농노 분포. 지역에 따라 차이가 있으며 꼭 농노만 있던 것은 아니다.

고전장원(7~10세기경)

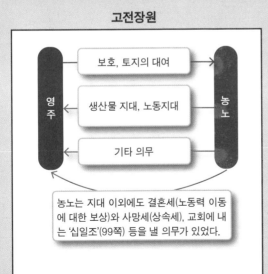

고전장원

영주 ← 보호, 토지의 대여 → 농노

영주 ← 생산물 지대, 노동지대 → 농노

영주 ← 기타 의무 → 농노

농노는 지대 이외에도 결혼세(노동력 이동에 대한 보상)와 사망세(상속세), 교회에 내는 '십일조'(99쪽) 등을 낼 의무가 있었다.

자유농민

생산물은 거의 자신의 재산으로 소유할 수 있었지만 대량의 이민 유입 등 외부 세력에 대응할 힘은 없었다.

농촌의 형태

전형적인 중세의 장원

현재의 프랑스나 독일은 삼림으로 덮여 있어 중세의 장원은 그 숲을 개척해 만들어졌다. 그래서 중세 초기의 장원은 농노의 보유지나 농민의 소유지가 숲 속에 여기저기 흩어져 있는 산촌 형태가 일반적이었다. 그러다 보니 농노는 부역을 위해 영주 직영지까지 한 두 시간 가량 걸리는 거리를 이동하기도 했다. 그러나, 9세기경부터 노르만인이 남하해 오게 되자 농노나 농민은 보호를 요구하며 유력 영주의 근처에 모여살게 되었다. 그러면서 영주가 지속해서 일정 영역을 지배하는 집촌 사회(촌락 공동체)로 변모했다. 마을의 형태는 교회나 광장을 중심으로 하여 그곳을 둘러싸듯이 농민들의 주거가 모이는 '괴촌(塊村)' 외에 마을 중앙 거리를 따라 양쪽에 주거와 교회가 즐비한 '열촌(列村)' 등이 일반적이었다.

★ 중세 괴촌의 흔적이 남아있는 체코의 마을.

☆ 촌락공동체로

촌락공동체로의 이행에는 무거운 쟁기의 등장도 한 몫했다. 철로 만든 무거운 쟁기를 소와 말이 끌게 해서 농지를 깊이 가는 것이 가능해졌으나, 농노와 농민이 이를 각자 보유하는 것은 비효율적이었다. 무거운 쟁기를 공동으로 소유하고 공동으로 농사를 짓게 되면서 자연스레 사람들이 모여 살게 되었다.

휴경지를 구분하고 지력을 회복시켜 수확량을 늘리는 삼포제농법(82쪽)이 도입된 것도 이 무렵이다. 각 농노의 보유지도 공동이라서, 경작한 밭이 몇 이랑인지 토지를 세는 방식도 바뀌었다.

이러한 촌락공동체에는 직영지, 보유지, 공유지 외에도 영주나 대관의 저택과 농노, 농민의 주거, 교회, 곡식을 가공하는 물레방앗간과 빵 굽는 가마와 농기구를 제작하고 수선할 대장간이 있어 계속해서 자급자족의 삶을 영위할 수 있었다.

☆ 농삿말과 무거운 쟁기로 농사를 지었다(15세기). 철로 만든 쟁기를 목재로 고정하여 말이 끌게 한다. 철로 만든 무거운 쟁기는 차바퀴가 무게를 받쳐주어 말의 피로를 줄여주었다. 이 쟁기의 중심장치를 몰드보드 플라우(mouldboard plough)라고 한다. 몰드보드 플라우는 중세에 일반적으로 보급되어 농지의 생산성을 높였다.

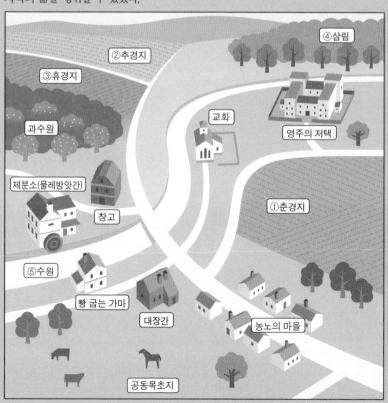

☆ ①~③ 경지
삼포제농법은 농지를 셋으로 나누고 그 중 한 곳에는 아무 것도 심지 않는 방식으로 지력을 회복시켜서 수확량을 늘렸다.

☆ ④ 삼림
장작과 목재의 공급원이자 돼지의 방목지이기도 했다. 하지만 사냥은 귀족 등 영주계급의 특권이라서 촌락공동체의 공유림에서도 영민이 사슴이나 멧돼지, 산새를 사냥하는 것은 금지되었다.

☆ ⑤ 수원
수원인 하천은 대부분 공유지지만 어업권은 물레방앗간을 관리하는 제분소의 특권이라고 여기는 곳도 있었다.

농촌의 주거

중세를 통해 진화한 농촌가옥

중세 초기 산촌 형식이었던 10세기경까지의 농촌 가옥은 지극히 간소한 오두막이었다. 땅에 직접 꽂은 굴립기둥에 진흙과 소똥 등으로 흙벽을 쌓았고, 지붕은 짚과 모(억새풀)로 덮여 있었다. 바닥은 땅을 다지거나 점토로 덮었을 뿐 넓이는 기껏해야 십여㎡에 불과하다. 다만, 현재의 독일 북부 부근에서는 복수의 친족 세대가 동거하는 길이 30m×폭 십수m의 대형의 굴립주 주거물도 만들어지고 있었던 것 같다. 프랑스 등에 남는 일가족용 오두막은 시대가 지나면서 바닥면적이 넓어져 12세기경부터는 내부가 2개의 방으로 나뉘게 된다. 출입구가 있는 넓은 방은 화로를 갖춘 거실 겸 부엌으로 되어 있으며, 벽으로 칸막이가 된 안쪽 좁은 방에 침실을 마련한 직사각형 건물이 일반적이다. 또한 거실에는 칸막이 벽에 면하여 벽난로가 설치되기도 하였다.

★ 에스토니아에서 중세 유럽의 농촌을 재현한 '에스토니아 야외박물관'. 부농의 주택은 안채와 오두막집으로 안뜰 목초지를 둘러싼 농장 같은 모습이었다.

✦ 13세기경 석재가 쓰이기 시작한다

이어 13세기경부터는 건축자재로 석재도 사용되기 시작하여 방의 개수도 증가한다. 부유한 농가에서는 안채를 중심으로 안뜰을 둘러싸듯 창고나 가축장을 갖춘 주거지도 볼 수 있게 된다. 14세기에 이르러 석재로 만든 바닥과 토대 위에 각목으로 기둥과 보 등의 뼈대를 만들고 각목 사이를 벽돌과 벽토, 회반죽 등으로 메우는 반목조(하프팀버 양식) 건물도 생겨나게 되었다. 지붕도 초가 지붕뿐만 아니라 질그릇 기와 등으로 지붕을 씌워 이야기의 삽화나 게임 등에 등장하는 중세 유럽의 주택 이미지에 가까워진다.

✭오스트리아 잘츠부르크에 보존되어 있는 전통적인 토벽 오두막

✭목조가 바깥쪽에 보이는 '반목 골조(하프 팀버 양식)'의 주택이 나타나기 시작하는 것은 14세기가 되고 나서였다.

✭화로와 침대. 침대와 바닥이 흙마루로 되어 있다. 여기에서 신발을 벗지 않은 문화적 특징을 볼 수 있다.

농민의 생활

농사력 등에 기록된 농촌의 1년

◆◆◆

　농촌에서의 농민이나 농노의 생활은 한 해를 주기로 한 농업 스케줄표인 농사력 등의 자료로 알 수 있다. 특히 14세기 초 이탈리아의 과학자이자 법률가인 피에트로 드 크레산치(Pietro de Crescenzi)가 쓴 원예서《농촌 전원서(Ruralia commoda)》의 삽화나 15세기 초 프랑스 왕족 장 1세 드 베리 공작의 의뢰로 랭부르 형제가 그린 장식사본《베리 공작의 아주 호화로운 시도서》는 달마다 농민의 삶이 담겨 있어 자료적 가치가 높다.

　또한 중세 초기에는 지역에 따라 한 해의 시작을 3월로 하는 경우나 크리스마스로 하는 지역 등 다양하고 날짜 등도 통일되어 있지 않았다. 그러나 시대가 지나면서 교회력 등에 의해 1월을 시초로 하도록 통일되었으며, 위에 나온 농사력 등도 1월부터 그려져 있다.

⇢★《베리 공작의 아주 호화로운 시도서》

시도서란 기독교인이 개인적으로 근행(시간을 정하여 예배하는 일)을 하기 위한 기도로, 매일의 기도 스케줄과 기도문, 월력화 등이 나온다.

1월 성탄절부터 1월 6일 공현제까지의 탄신제 기간에는 농사가 없고 농민이 1년 중 가장 편안하게 지내는 기간.

2월 남은 식량을 걱정하며 봄을 기다리는 가장 힘든 계절. 벽난로에서 불을 쬐는 농민과 나무를 베는 나무꾼, 당나귀로 장작을 나르는 사람 등이 그려져 있다.

3월 봄기운이 느껴지며 사람들이 쟁기로 밭을 갈기 시작한다.

4월 춘분 후 보름이 지난 후 첫 번째 맞이하는 일요일에 열리는 부활절은 사람들에게 봄이 찾아왔음을 알려준다.

5월 초목이 우거지기 시작하면서 농사도 본격적인 궤도에 오른다.

6월 마을사람들과 함께 여름풀을 베어 겨울에 쓸 건초를 준비한다. 하지인 6월 24일, 세례자 요한의 축일이 여름풀을 베기 시작하는 신호다.

7월 가을에 씨를 뿌린 밀과 호밀의 수확은 7월의 가장 중요한 일이다. 《농촌 전원서》에는 4월에 나오는 양털 깎기가 《베리 공작의 아주 호화로운 시도서》에는 7월에 나와서 지역과 시대에 따라 차이를 보인다.

8월 봄에 씨를 뿌린 보리와 귀리 수확, 밀, 호밀의 탈곡작업을 하는 농민에게는 가장 바쁜 달.

9월 가을의 중요한 일인 포도수확이 끝나면 장원의 회계연도 기간이 끝나가 세금(지대) 등을 낸다.

10월 밀과 호밀의 가을 씨뿌리기에 나선다. 겨울을 넘기고 다음 해 여름에 수확한다. 뒤쪽에 그려져 있는 것은 루브르 궁전이다.

11월 포도주 담그기와 삼베실 만들기, 가축으로 키우는 돼지를 살찌우기 위해 숲에서 도토리를 주워서 먹이는 등 겨울맞이 준비를 시작한다.

12월 영주는 숲에서 멧돼지를 사냥하고 영민은 돼지고기로 소시지와 소금에 절인 고기를 만들며 겨울 동안의 식량을 준비한다.

2월

9월

6월

10월

7월

12월

⇠★《농촌 전원서(Ruralia commoda)》

피에트로 드 크레산치의 농업서에 나오는 농사력. 왼쪽 위에서 오른쪽 아래에 걸쳐 1월부터 12월의 농사 활동이 그려져 있다.
1월 건축 재료로 쓰는 점토를 캔다. **2월** 가축의 분뇨로 비료를. **3월** 포도 등 과일나무의 가지치기. **4월** 양털 깎기, **5월** 영주의 사냥. **6월** 건초 만들기. **7월** 밀 수확. **8월** 밀 탈곡. **9월** 내년에 수확할 밀 씨뿌리기. **10월** 와인 만들기. **11월** 숲에서 주워온 도토리로 돼지 살찌우기. **12월** 돼지 등 가축의 식육가공.

중세의 농작물

보리, 밀과 콩이 가장 중요한 작물

◆◆◆

중세의 주요한 농작물이라고 하면 단연코 밀이다. 비교적 강수량이 적은 유럽에서는 건조한 날씨에 강한 밀이 재배되었다. 특히 가을에 씨를 뿌리는 밀과 호밀은 다음 해 여름에 수확하고 가루로 빻아 주식인 빵으로 만들었다. 봄에 뿌리는 보리와 귀리는 오트밀 같은 죽으로 만들어 먹었고 맥주 원료와 말의 사료로도 사용됐다. 이렇게 가을에 씨를 뿌리는 경작지와 봄에 씨를 뿌리는 경작지, 그리고 아무 것도 심지 않는 휴경지를 나눠 윤작(돌려짓기)하는 것이 삼포제(3년 윤작) 농법(77쪽)이다. 또 봄에 씨를 뿌리는 경작지에는 이랑과 이랑 사이에 완두콩과 누에콩 같은 콩류를 재배했다. 콩과 식물의 뿌리에 착생하는 뿌리혹박테리아(근립균)는 식물의 3대 영양소의 하나인 질소를 고정시켜 토양을 비옥하게 만든다고 알려졌다. 콩류를 이랑과 이랑 사이에 심었던 것을 보면 중세 유럽인들도 그 효과를 경험적으로 알고 있었던 것으로 보인다.

★ 포도와 같은 과일도 생산

보리와 밀, 콩 다음으로 중요한 농작물은 과일나무다. 그 중에서도 포도주용 포도는 상품가치가 높아 넓은 지역에서 재배되었다. 한편, 포도재배에 적합하지 않은 유럽 북부에서는 사과가 재배되었고 시드르(사과주) 등의 양조주가 제조되었다. 그보다 더 북쪽에서는 벌꿀로 밀주를 만들었다. 유럽에서는 가뭄에 대비해 수분을 비축할 필요성이 있었다. 포도나 사과의 과즙을 짜서 자연 발효시키면 알코올을 함유한 음료가 되고 용기에 담아 두면 저장이 가능했다. 포도주나 시드르는 생명을 이어주기 위해 만들어진 필수품이었던 것이다. 또 온난한 지중해 연안 지역에서는 고대 이래부터 올리브가 활발히 재배되었다.

그 외의 농작물로는 양파와 당근, 순무, 양배추, 양상추, 마늘 등의 채소를 비롯하여 멜론도 재배되었다. 현재 서양 요리에서 빼놓을 수 없는 감자와 토마토는 콜럼버스가 아메리카 대륙에서 들어오는 15세기 말까지 유럽에는 존재하지 않았다. 식용은 아니지만 삼과 아마 같은 섬유식물, 꼭두서니 등의 염료식물도 공예작물로 활발히 재배되었다.

★ 14세기에 아랍인 이블 부틀란이 엮은 《건강전서》에 있는 포도수확 장면. 수확한 포도는 발로 밟아서 과즙을 짜냈다.

←★ 1525년 프랑스에서 만들어진 시도서에서. 밀을 수확하는 장면이 그려져 있다.

★ 중세 유럽의 식재료를 재현. 치즈도 식탁에서 빼놓을 수 없다.

물레방앗간과 바날리테

원한의 대상이었던 바날리테 시설

◆◆◆

　가을에 씨를 뿌린 밀과 보리를 여름에 수확하면 도리깨란 이름의 방망이로 두들겨 탈곡하고 제분하여 빵을 굽는다. 이 중, 탈곡까지가 농노와 농민의 일이었다. 제분은 장원 영주가 지은 물레방앗간에서 영주에게 고용된 전문 제분사가 빻았고, 빵은 빵을 굽는 대형 가마를 관리하는 전문 직인이 구웠다. 얼핏 보면 개인이 설치할 수도 없고 유지할 수도 없는 대형시설을 영주의 부담으로 조달한 것처럼 보이지만 영주는 이러한 시설을 강제로 사용하게 해 사용료를 받았다. 사용료를 절약하기 위해 맷돌을 쓰고 싶어도 영주가 사용을 금지해 쓸 수가 없었다. 이렇게 영주가 독점 소유하는 설비를 영민에게 강제로 쓰게 하고 사용료를 받는 것을 '바날리테'라고 한다. 바날리테의 대상이 된 설비로는 제분용 물레방앗간과 빵 굽는 가마, 와인용 포도압착기가 대표적이다.

★ 물레방앗간(15세기 : 프랑스). 물레방앗간은 권력의 상징이었다.

✭ 거미줄처럼 뻗어있던 바날리테의 포위망

지역에 따라서는 양털을 두들겨 펠트모양으로 만드는 축융기나 맥주 양조 설비, 섬유 염색 설비, 제재장 등도 바날리테의 그물망에 걸려 있었다.

사용료는 현물 납부가 대부분이었는데, 제분하는 물레방아의 경우 가공한 밀의 약 16분의 1을 업자에게 주어야 했다. 그래서 영민의 눈에는 바날리테 시설에 속한 전문 직인이 징세청부인이나 다름없었다. 또한 그들

은 영민들이 사는 마을에서 멀리 떨어진 물레방앗간이나 빵 굽는 가마 근처에 살면서 영주에게 수원지의 어업권과 술집을 운영하는 권리 등의 특권도 받았다. 이러한 특권으로 영민으로부터 부를 착취했던 바날리테 소속 직인은 영민의 원한의 대상이 되었고 제분소 주인은 늘 거래하는 밀가루 양을 속인다는 소문과 물레방앗간에는 요물이 산다는 유언비어가 끊이지 않았다.

✭ 물레방앗간과 내부 (13세기 : 영국). 물레방아 자체는 고대 로마에서 발명되었으나 유럽에서 널리 보급된 것은 11세기경부터이다. 11세기 말 잉글랜드왕국의 토지조사대장에 따르면 왕국 전체에서 5,624대의 물레방아가 있었다고 한다. 평균 50세대당 한 대 꼴이다.

✭ 카이로(이집트)에 남아있는 물레방앗간 내부. 톱니바퀴를 조합하여 수직방향으로 회전하는 축을 수평방향으로 회전시켜서 돌절구를 움직였다.

중세의 식사

주식은 딱딱한 빵과 곡물로 만든 죽

　　중세 유럽의 주식은 도시나 농촌이나 빵이었다. 단, 도시에서는 주로 밀로 만든 하얀 빵을 먹었다면 농촌에서는 보다 저렴한 호밀이나 종자에 가까운 스펠트 밀(보통계밀), 기장 등의 잡곡으로 만든 큼지막하고 검고 딱딱한 빵을 먹었다. 농촌에서 빵을 굽는 가마는 대표적인 바날리테(84쪽) 시설로, 영민은 밀가루나 직접 효모를 섞어 반죽한 빵 반죽과 연료인 장작을 함께 들고 가서 영주가 고용한 빵 굽는 직인에게 맡겨서 구웠다. 제분용 물레방아와 마찬가지로 영민은 다 구워진 빵의 일부를 가마 사용료로 내야 했다. 그 외에도 보리와 귀리를 끓인 죽도 먹었다. 죽은 바날리테 시설을 이용할 필요가 없어서 가난한 농민에게는 절약하고 싶은 경우에 유용한 한 끼 식사였다.

☆ 주식 이외의 음식

빵 이외의 식사는 거실에 있는 화로에 갈고리를 걸어서 조리되었다. 대개는 콩류와 채소를 넣고 수프를 끓인 국물에 딱딱한 빵을 적셔 부드럽게 해서 먹었다. 조미료는 소금이 주류였지만 채소밭에서 키운 파슬리, 허브류, 생강, 마늘도 맛과 향을 내는데 이용된 것 외에 돼지의 라드도 조리에는 빠뜨릴 수 없었다. 숲에서의 사냥은 영주 등의 귀족계급이 독점하여 서민 식탁에 고기가 메인 요리로 올라오는 일은 드물었다. 단, 가축을 키우는 것은 허용되어(88쪽) 겨울의 비축식량으로 돼지를 소시지나 소금에 절여 가공해서 먹었고 가금류의 계란과 고기도 식용으로 사용되었다. 소는 농사에 쓰임이 많고 우유를 얻을 수 있는 귀한 존재라서 당초에는 먹지 않았으나 시대가 지나며 먹는 식용이 되는 일이 늘어갔다.

☆ 농촌에서 먹는 빵은 검고 딱딱하며 둥그렇고 큼직했다. 빵은 집에서 굽지 않고 공용 화덕에서 구운 것을 집으로 가져 왔다. 집에서 키우던 돼지를 선별하여 고기로 가공하는 작업은 겨울나기 준비를 하는 늦가을 농촌의 흔한 풍경이다.(16세기 : 프랑스).

☆ 중세 유럽의 주식의 하나인 죽. 죽을 먹을 때, 사프란을 넣어 풍미를 더하기도. 죽에는 말린 돼지고기를 넣었다.

←☆ 중세 유럽의 서민이 먹는 식사를 재현. 큼직막한 검은 빵과 버터와 치즈, 견과류와 과일로 구성.

중세의 목축

농촌 생활에 빼놓을 수 없는 가축

농촌에서는 농사와 나란히 중요한 일로 목축을 꼽을 수 있다. 쟁기를 끄는 소와 말, 짐을 실어 나르는 당나귀와 노새 등의 가축은 귀중한 노동력이었고 양으로는 양털과 양피지(124쪽)를 만들 수 있었다. 암소와 염소는 젖을 얻을 수 있는 귀한 가축이었고, 닭과 오리, 거위 같은 가금류가 낳은 계란은 중요한 단백질원이었다. 식용 가축으로는 돼지가 대표적이지만 소와 양, 염소, 가금류도 먹었다. 사냥은 영주귀족의 특권이었으나 예외적으로 영민들에게 토끼는 사냥이 허용되어 귀중한 단백질원이 되었다.

소와 말, 양과 염소는 원래 둘러싸인 목초지에서 방목되었으나 삼포제농법(77쪽)의 도입으로 휴경지에 가축을 풀어놓으면서 잡초를 뜯어먹은 가축의 분뇨가 귀중한 비료가 되어 토양을 비옥하게 만들었다. 다만 휴경지의 풀만으로는 부족해서 목초지도 따로 있었는데, 6월이 되면 여기서 자란 풀을 큰 낫으로 베어 겨울 동안 사료로 줄 건초를 만들었다. 한 달여 후, 다시 풀이 무성해지면 가축들을 풀어놓고 먹여 혹독한 겨울에 대비했다.

🌟 이동 방목도 했다

지중해 연안 지역이나 산악지대에서는 겨울 동안 평지에서 방목하다가 여름이 되면 산지에서 방목하는 이동 방목이 이루어지고 있었다. 이 때문에 목자라는 이동 방목 전문가도 있었다. 장원이나 농촌 전체에서 기르는 가축의 방목을 맡은 목자는 초봄의 부활절부터 초겨울까지 이동 방목을 했다. 가축이 다치거나 병이 나면 목자 책임이어서 목자들 중에는 민간 의료에 정통한 사람이 많았다.

돼지 방목은 숲에 풀어놓고 키우는 게 흔한 일이었는데, 과거에 프랑스어로 삼림면적을 나타내는 그랑데라는 단위는 돼지 한 마리를 방목하는데 필요한 면적을 기준으로 한 단위였을 정도다. 가을이 되어 도토리를 배불리 먹은 돼지가 통통하게 살이 오르면 소시지를 만들거나 소금에 절이는 등 겨울에 먹을 음식으로 가공했다. 숲에는 영주 등의 소유자가 있었기 때문에 돼지를 방목할 때는 임대료를 내야 했다.

🌟 농촌 휴경지에서 가축을 키우는 모습. 시도서(6월)에서. 본격적인 여름이 오기 전, 양털을 깎는 모습이 그려져 있다(16세기: 프랑스).

🌟 양을 방목하는 목자. 양치기 개의 모습도 보인다(16세기 : 프랑스).

🌟 중세 의복을 재현했다. 양털은 보온기능이 우수하고 적당히 유분도 있어서 내수성이 뛰어나다. 또 불에 잘 타지 않는 소재이기도 했다.

중세의 숲

두려움의 대상이자 은혜의 원천

지중해 연안 지역을 제외한 서유럽은 원래 광대한 삼림지대라서 중세 초기의 농촌이나 도시는 숲속 여기 저기 흩어져 있는 외딴섬이나 다름없었다. 마을 바로 옆에 있으면서도 한 번 길을 잃어버리면 쉽게 빠져나올 수가 없었고 늑대와 같은 맹수도 살았다. 그래서 중세 사람들에게 숲은 두려움의 대상이었고 악령과 마법사가 사는 별세계로 인식되었다.

반면에 숲은 사람들에게 많은 혜택을 주는 장소이기도 했다. 돼지 방목지로서 돼지를 살찌우기에 더없이 좋은 곳이고 밤과 호두, 버섯 등의 식재료와 야생토끼와 같은 사냥감, 건물이나 각종 도구의 재료인 목재를 제공해주었다. 이미 고대 그리스로마시대에 시작된 양봉업은 이 무렵 활기를 띠어 신성로마제국의 뉘른베르크 교외 숲에는 양봉을 전문으로 하는 집단이 살았다.

☆ 많은 숲이 사라진 대개척 시대

숲의 은혜가 가장 돋보이는 것이 연료로 쓰이는 장작과 숯이다. 유럽에서 숯을 만들 때는 숲 안쪽에 있는 탁 트인 장소에다 자른 목재를 원추용으로 쌓아올리고 바깥을 점토로 덮어서 굳힌 뒤에 열을 가해 만들었다. 벽돌과 자기, 유리그릇 제조에 쓰이는 숯은 제염, 제철에도 없어서는 안 될 중요한 자원이었다. 철의 원료가 되는 철광석도 대부분 숲에서 구했기 때문에 제철 작업도 숲속에 만들어진 소형 화로에서 했다.

이윽고 철의 생산량이 늘어나자 철기가 급속도로 보급되어 철제 농기구와 도구, 그 중에서도 중량유륜 쟁기, 철도끼가 전파되었다. 이로써 11~13세기 유럽은 대개간 시대라는 이름에 걸맞게 빠르게 개간이 이루어졌고 결과적으로 숲이 줄어들었다. 인간들은 농촌 생활에 꼭 필요한 숲을 지키려고 멋대로 나무를 베는 자를 참수형에 처하는 등의 법을 제정했으나 숲이 감소하는 걸 막지는 못했다.

☆《베리 공의 아주 호화로운 시도서》의 11월에 그려진 숲에서 돼지를 방목하는 모습. 나뭇가지를 던져서 도토리를 떨어트리고 있다. 숲은 가축의 먹이를 공급하는 곳이기도 했다.

☆《베리 공의 아주 호화로운 시도서》의 2월 그림에 그려진 양봉도구. 짚 등을 범종 모양으로 엮어 만든 벌통을 이용하여 가을에 벌꿀과 밀랍을 채집한다.

←☆ 유럽식 숯 굽는 가마. 유분이 많아 불에 잘 타는 침엽수 잎으로 생나무를 덮는다. 숲에서 갓 벤 나무는 현장에서 숯으로 만든 뒤 실어 보냈다. 생나무를 운반하는 것보다 숯이 훨씬 가벼웠다.

농촌의 직업

농민만 있지 않았던 중세의 농촌

◆◆◆

중세 유럽의 농촌에 농민과 농노만 사는 건 아니었다. 촌락단위로 자급자족 생활을 하여 농기구를 제작·수선하는 대장장이와 목수 등도 꼭 필요한 존재였다. 또 나무를 베거나 숯을 굽고 양봉을 하는 전문 직인도 있었으나 농한기에는 농민이 직접 하는 경우도 많았던 듯하다. 그 외에도 제분사나 빵 굽는 직인 등의 바날리테(84쪽) 시설에서 일하는 사람들, 영주를 대신하여 농촌을 관리하는 대관과 농노 감독관, 교회의 사제 등도 있었다.

물론 농촌에는 영주가 사는 곳도 있었는데, 그 경우에는 사냥에 필요한 전문 직인들을 두었다. 숲에 남아있는 발자국이나 분뇨 등, 작은 단서를 보고 사냥감이 있을 만한 장소를 찾아내는 사냥꾼이 그 대표적인 예라고 할 수 있다. 이들은 특별한 능력을 가졌다고 하여 비싼 값에 고용되었다. 희귀한 직업으로는 매사냥할 때 장대 끝에 끈끈이를 발라 매의 먹이가 되는 작은 새를 잡는 사람이나 잔가지를 태워 세제와 유리그릇을 만들 때 촉매 등으로 쓰이는 재를 만드는 직인도 있었다.

★ 시몬 베닝(Simon Bening, 16세기 : 벨기에)이 그린 《시도서》의 3월. 저택에서 사냥에 나서는 잘 차려 입은 지배계급 남성, 그리고 밭을 가는 농민과 그 광경을 지켜보는 귀부인, 그 옆에서 나무를 베는 나무꾼이 그려져 있다.

★ 대장장이(14세기 : 영국). 글자는 라틴어.

★ 낙농(16세기 : 벨기에)

★ 농촌에는 술집도 있는데, 이곳은 술만 파는 게 아니라 여행자의
숙박시설이나 마을사람들의 집회장소로 쓰였다(14세기 : 프랑스).

농촌의 축제

계절의 변화를 느끼는 축제일

◆◆◆

   중세 농민들은 일년 내내 농사를 짓는 건 아니었다. 온 마을 사람들이 계절마다 찾아오는 축일을 축하하며 즐겼다. 중세의 주요 축제는 원래는 로마인과 유대교신자, 켈트인의 축제였던 것을 가톨릭교회가 기독교와 융합시킨 것이었다. 예를 들어 크리스마스는 로마에서 믿었던 미트라교의 태양신 미트라의 탄생일이던 동지 축제가 기원이다. 부활절(이스터)도 유대교의 유월절이 기원이며 이것이 게르만인의 춘분제와 융합되었다고 한다. 그 외에도 여름이 온 것을 축하하는 게르만인의 축제 벨테인은 5월 1일에 열리는 오월제가 되었고 게르만인이 하지에 열었던 불축제의 축일에 해당되는 6월 24일은 세례자 요한의 축일로 바뀌었다. 켈트인의 신년이었던 11월 1일에 열리던 삼하인축제(핼러윈)는 만성절(제성인의 축일)이 되어 겨울의 시작을 알리는 신호탄이 되었다.

주요 축제

1월	〈1월 6일〉 공현제 : 크리스마스에서 시작된 예수의 성탄절의 끝. 농민에게는 1년 중 몇 안 되는 휴식기간.	6월	〈6월 24일〉 세례자 요한의 축일 : 예수에게 세례를 한 성 요한이 탄생한 날.
2월	〈이동축일〉 사육제(카니발): 2월~3월에 시작되는 사순절의 금식을 앞둔 명절.	8월	〈8월 15일〉 성모 탄생 축일 : 성모 마리아의 피승천을 축하하는 날.
3월 - 4월	〈3월 21일~4월 25일〉 부활절(이스터) : 그리스도의 부활을 축하하는 국경일. 춘분이 지나고 보름이 지난 후 첫 일요일에 열리며 사람들은 이때 봄이 찾아왔다고 느낀다.	9월	〈9월 29일〉 성 미카엘 축일 : 대천사 미카엘, 가브리엘, 라파엘을 기리는 축일. 곡물과 포도 수확을 마친 농촌(장원)의 결산기 말일이기도 하여 지대와 세금을 냈다.
5월	〈5월 1일〉 오월제: 숲에서 잘라낸 어린 나무로 5월의 기둥을 세워 여름의 시작을 축하한다. 〈부활절 뒤 일곱 번째 일요일〉 성령강림제(펜테코스트): 그리스도의 부활과 승천 후, 사도에게 성령이 내려온 것을 기념하는 축일.	11월	〈11월 1일〉 만성절 : 기독교의 모든 성인을 축하는 날. 원래는 켈트의 신년으로 전날인 섣달 그믐날에는 죽은 자가 돌아온다고 믿었다. 이런 풍속이 전야제(Hallows' eve 또는 Halloween)를 통해 할로윈(Halloween)으로 이어지게 되었다.
		12월	〈12월 25일〉 성탄절(크리스마스) : 예수의 탄생을 축하하는 공휴일. 이 날부터 공현제까지가 탄생제 기간이 된다.

★농촌 풍경을 즐겨 그려 '농민화가'로도 불리던 브뢰헬의 회화. 5월의 기둥 주위에서 젊은이들이 춤을 추고 있다.

★옥스퍼드대 도서관에 소장된 그림. 크리스마스에 서민은 분장을 하고 노래와 춤을 즐겼다. 신년 축제도 겸하여 영주의 초대를 받아 음식과 옷, 장작 등의 선물을 받았다고 한다.

←★16~17세기의 네덜란드 화가 브뢰헬이 그린 부활절의 모습. 예로부터 부활절에는 부활절 달걀(이스터 에그)과 관련된 풍습이 있었는데, 그릇에 있는 달걀을 발로 꺼내서 원 안에 넣는 게임을 했다.

중세의 혼인

지금과 다르지 않은 일생일대의 이벤트

중세는 현재와 비교할 수 없을 정도로 아이를 많이 낳았으나 또 그만큼 많이 죽기도 했다. 여성의 초혼 연령은 빨라서 대개는 10대 후반에 결혼했다. 결혼할 수 있는 최소한의 나이도 남성이 성인이 되는 14살, 여성이 12살로 빠른 편이었다. 연애는 자유롭게 할 수 있었지만 그 연애가 결혼으로 이어지는 예는 극히 드물었다. 본인들보다 가족 간의 결합이 중시되어 서민이어도 가족의 부양을 감안한 부모의 의향이 우선된 것이다. 귀족과 같은 유력가 집안의 경우는 정략결혼이 당연시되어 사망률이 높은 유아기를 지나 대여섯 살이 되면 결혼이 정해지는 경우도 드물지 않았다. 단, 결혼이 일생일대의 전기였던 것은 현대와 다르지 않아서 결혼 축하연이 열리면 온 마을과 거리가 일대 이벤트로 들썩였다.

중세 초기까지 결혼은 세속행사였으나 12세기 중반이 되면 세례나 종부 의식과 함께 성사(새크라맨트)의 하나가 되어 사제가 입회한 가운데 열리게 된다.

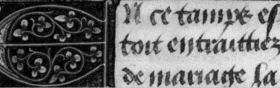

★ 필리프 다르투아와 마리 드 베리의 결혼식(14세기 : 오스만제국).

🌟 사람들에게 일생일대의 전기가 되는 성사

'성사(Sacrament)'란 기독교에서 의 은총의 표시로 신자에게 치르는 의식을 가리킨다. 12세기 중반, 가톨릭교회에서 세례·견진·성체·고해·혼인·서품·종부의 7가지 성사를 정하자 사람들은 소속 교구의 교회에서 성사를 받고 축제를 열어 인생의 전기로 삼았다. 한편, 동방정교회에서는 성사를 '기밀(미스테리온)'이라 하고 프로테스탄트에서는 '예전'이라고 하며 세례와 성체만 받았다.

세례 : 물로 몸을 정화하는 입신 의식. 중세 초기에는 개종한 어른도 받았으나 곧 신생아만 받게 됐다.

견진 : 성령의 은총을 받기 위해 머리 위에 손을 얹어 안수하고 향유를 바른다. 중세 중반까지는 세례를 받은 직후에 치러졌으나 13세기 이후에는 7~15세 가량이 되어야 받았다.

성체 : 예수의 최후의 만찬을 재현하는 전례(교의 또는 관례에 따라 규정된 공적 장소에서 드리는 예배 의식)적 회식. 보통은 '미사'라고 부른다.

🌟 중세에 그려진 세례 받는 모습

고해 : 지은 죄를 용서받는 성사의 하나로 적어도 일 년에 한 번, 교회에서 신과 사제에게 자신의 죄를 고백한다.

혼인 : 서로 합의하에 치러지는 성인 남녀의 결혼의식. 사제가 집행한다.

서품 : 사제와 부제 등 성직을 받는 안수 의식. 모든 신도가 하는 건 아니다.

종부(병자 성사) : 임종할 때, 평안과 은총을 얻기 위해 향유를 바르는 의식. 1972년, 가톨릭교회는 임종을 앞 둔 사람만이 아니라 아픈 사람에게도 행하기로 정하고 '병자서유'로 이름을 고쳤다.

🌟 결혼축하연이 열리는 풍경(15세기: 이탈리아)

🌟 초야권은 정말로 있었다!?

모차르트의 오페라 〈피가로의 결혼〉은 '초야권'을 부활시키려는 백작의 음모를 막고 백작을 응징하는 스토리다. 초야권은 영민이 결혼했을 때, 영주가 신랑보다 먼저 신부와 잠자리를 갖는 권리로 오페라와 이야기를 통해 중세 유럽에 있던 풍습으로 유명해졌다.

하지만 실제로 이 권리가 행사되었는지는 의문이다. 영주에게 내는 결혼세가 초야권의 면제료였다는 설과 결혼세를 내지 않으면 신부의 처녀를 빼앗긴다는 소문에서 생긴 풍문이었을 뿐이라며 초야권의 존재 자체를 회의적으로 보는 시각도 있다.

중세의 세제

다양한 형태로 징수된 세금

중세의 영주들은 물납, 금납, 노동(부역)으로 지불되던 소작 지대(74쪽) 외에, 물레방앗간이나 빵 굽는 가마 등 바날리테 시설 사용료(84쪽), 돼지를 방목할 때의 삼림임대료(89쪽) 등 온갖 방법으로 영민에게 돈을 징수하려 했다.

지대는 시대와 지역에 따라 지불 방법과 과율이 달랐는데 평균적으로 수확의 5% 미만으로 세금을 걷었고 15%를 넘는 경우는 극히 드물었다. 또 영주는 지대의 원천이 되는 농민의 확보에 고심한 듯, 노동력이 이동을 수반하는 결혼에는 영주의 허가가 필요했고 결혼세도 부과했다. 영민이 사망했을 때도 물납이나 금납으로 상속세를 걷었고 사망세도 부과하여 피상속인이 키우는 동물 중에서 가장 값나가는 가축을 넘겨받았다. 또 상속인이 없는 경우 영주가 전 재산을 몰수했다.

✿ 각종 세금에 시달리던 서민

영민 한 사람 한 사람에게 부과되는 인두세도 있었다. 중세 초기에는 영민이 지배를 받고 있다는 상징적 의미로 걷는 세금이라서 부담이 적었으나 11세기 후반부터 영주 계급이 각지에서 성을 건설하기 시작하고 지역의 방위와 치안 유지를 담당하게 되면서 인두세는 그 대가의 의미를 띠게 된다.

숲에 관해서는 공유림으로 관리하는 촌락공동체와 그 마을의 지배자인 영주의 이해가 엇갈렸다. 영주는 삼림자원으로 조금이라도 수입을 얻고 싶어서 공유림의 나무를 벨 때 나오는 수입의 3분의 1을 세금으로 걷거나 삼림관리상 위법행위에 대해 벌금을 부과했다. 영민은 이렇게 영주에게 내는 세금에 더하여 수확의 10%를 교구의 교회에 내는 '십일조'도 부담해야 했다.

한편, 도시에서도 '십일조'와 인두세가 부과되었고 주민세의 일종인 도시에 내는 납부금, 통행세와 시장세, 상품 유통에 드는 간접세를 냈다. 다만, 자치단체가 발달된 도시에서는 시정 당국자도 납세자여서인지 세금 부담이 덜했다.

✿ 15세기 프랑스에서 쓰인 우화 시집의 삽화. 영민이 써야 했던 물레방앗간 등의 바날리테 시설 사용료는 세금이나 다름없어 영민에게는 부담이 되었다.

✿ 샤를 7세(1403~1461)에게 세금을 내는 모습(15세기 : 프랑스). 샤를 7세는 백년전쟁으로 빈곤해지자 직할지에서 걷은 세수로는 나라를 운영하기 어렵다고 느꼈다. 그래서 귀족과 성직자를 제외한 모든 인민에게 세금을 걷었는데, 이윽고 이것이 영구화했다. 내야 될 세금이 늘어나면서 영민의 생활은 곤궁해지고 빈부의 차가 커졌다. 이것이 훗날 프랑스 혁명의 불씨가 되었다.

←✿ 피테르 브뢰헬(2대)이 그린 교회에 '십일조'를 내는 사람들(1622년 : 벨기에). 수입의 십분의 일을 교회에 내는 것은 기독교 신자의 의무였다.

교회와 수도원이 알려준 중세의 시간
시간을 12시간으로 나누는 건 지금과 다르지 않다

◆◆◆

중세 초기, 유럽인들에게 하루의 시간은 일출부터 일몰까지의 낮과 태양이 지는 밤이라는 두 가지 구분밖에 없었다. 농민과 도시민은 일출과 함께 일을 시작해서 밤에는 집에 돌아와 잠을 청했다. 그런데 기독교가 보급되며 각지에 교회와 수도원이 생기자 시간을 좀 더 세밀한 시간 구분이 도입된다. 사제와 수도사가 신앙생활을 위해 울리던 시보의 종소리를 기준으로 한 것이다.

시보의 종은 각각 오전 2시의 조과, 오전 3시의 찬과, 오전 6시의 일시과, 오전 9시의 삼시과, 정오의 육시과, 오후 3시의 구시과, 오후 6시의 만과, 오후 9시의 종과 시간에 울렸다. 14세기 이후에 기계식 시계가 보급되기 전까지는 계절에 따라 길이가 달라지는 밤낮을 각각 12시간으로 나눈 부정시법이 채용되어 오전 6시를 해가 뜨는 시간, 오후 6시를 해가 지는 시간으로 정하고 낮에는 해시계로, 밤에는 모래시계나 물시계, 촛불을 이용한 시계로 시간을 쟀다. 농민과 도시민은 일시과의 시보를 신호로 아침을 먹고 일을 시작하거나 아침 장을 열었다. 그리고 육시과에 점심을 먹고 만과에는 집으로 돌아와 저녁을 먹고 종과에 잠자리에 들었다.

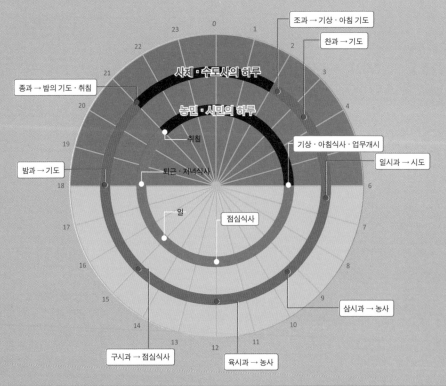

중세 유럽의 도시

도시의 성립

상공업의 발달로 도시가 성장

과거 고대 로마는 서유럽에 고도로 발달된 도시문명을 구축했다. 하지만 5세기에 접어들어 북방에서 게르만인이 침입하자 도시에 살던 주민들은 혼란과 정세 불안이 계속되던 도시를 버리고 자급자족이 가능한 장원으로 이주했다. 현재의 파리인 갈리아 속주의 중심지 루테티아와 현재의 런던인 브리타니아 속주의 중심도시 론디니움 등도 한때는 버려져서 폐허나 다름없었다. 과거의 제도(제국의 수도) 로마조차 거듭된 게르만인족의 침공으로 황폐해져 갔다.

그렇다고 모든 도시가 쇠퇴한 것은 아니다. 기독교의 주교좌가 있던 프랑스의 루앙과 랭스, 독일의 쾰른과 마인츠 같은 주교좌 도시에서는 주교들의 노력으로 로마도시로부터의 연속성이 간신히 유지되었다. 로마도 가톨릭교회의 중심지로서 부활했고, 런던도 7세기 초에 세인트 폴 대성당이 세워질 무렵에는 정치적, 종교적, 경제적으로 중요한 도시가 되었다.

★ 15세기 화가 장 푸케(Jean Fouquet)가 그린 파리. 센 강의 모래톱 시테 섬에 있는 노트르담 대성당이 보인다.

★ 도시가 권력을 갖기 시작한다

상공업이 발달한 11세기 이후로 무역항과 교역의 중계지로 발전하는 도시가 등장한다. 동방무역으로 번영을 누리던 베네치아와 제노바, 밀라노, 피렌체 등 북이탈리아 여러 도시와 모직물 공업이 성행한 플랑드르 지방의 브뤼헤(브루게) 등이다. 곡창지대가 가깝고 센강 덕에 수운도 풍부한 파리는 이러한 북이탈리아와 플랑드르를 잇는 중계거점으로 번창해 나간다.

당초 이들 도시도 영주의 지배를 받았으나 길드라고 불리는 동업자 조합을 결성하여 발언권을 늘리고 이윽고 영주나 국왕으로부터 특허장을 얻어 자치권을 획득한다. 그 중에서도 이탈리아의 자치도시 코무네는 주변의 농촌을 편입하고 영토를 확장하여 도시공화국을 형성했다. 한편 독일에서는 신성로마황제의 직할령이 되며 영주의 지배에서 벗어나 자치권을 얻은 제국도시도 탄생했다. 이러한 자치도시는 황제와 국왕에게 간섭받지 않으려고 도시동맹을 결성했는데, 그 결과로 북독일을 중심으로 한 한자동맹과 북이탈리아의 롬바르디아 동맹 등이 결성된다.

인구 추정지(절정일 때)
1100~1300년 무렵
◉ 약 8만 명 이상
● 약 4만~8만 명
● 약 2만~4만 명

런던
브뤼헤
겐트
쾰른
파리
밀라노 브레시아
베네치아
볼로냐
제노바 **피렌체**
시에나
로마
바르셀로나
코르도바
팔레르모

★ 밀라노와 베네치아가 있는 일대가 롬바르디아 주로 롬바르디아 동맹의 중심지. 이 부근의 자치도시가 동맹을 맺고 봉건 체제에서 벗어나려 했다.

★ 15세기 후반에 그려진 제노바의 모습.

중세도시의 모습

외적을 차단하기 위한 구조

　게르만인 대이동의 혼란 속에서 시작된 중세 유럽 사회는 그 후에도 제2차 민족 대이동이라는 노르만인의 침입(9~11세기)과 영주간의 분쟁, 좀도둑의 횡행이나 늑대의 습격 등 늘 무언가에 대비해야 했다. 특히 인구가 집중된 도시에는 방위 거점이 되는 수도원이나 성채를 중심으로 형성된 곳이 많아서 라틴어로 성채를 의미하는 부르구스(burgus)에서 파생된 부르(프랑스)와 부르크(독일), 버러, 버그(영국) 등이 붙은 지명이 현재도 남아있다. 또 시 구역은 돌과 벽돌로 시벽을 짓는 것이 일반적이었는데, 인구의 증가로 도시지역을 확장하는 경우에는 확장된 영역을 둘러싸듯이 다시 시벽을 세웠다. 시벽은 중세도시의 상징적 요소가 되었다.

★프랑스의 세계유산 '역사적 성채도시 카르카손느'. 언덕 위는 물론이고
언덕 아래에도 시벽으로 둘러쳐진 시 구역이 쭉 뻗어있었다.

★ 15세기 말에 제작된 사전 《뉘른베르크 연대기》의 삽화용 목판화. 견고한 시벽과 탑, 시문도 그려져 있다.

★ 도시의 중심부, 광장과 대성당

시벽의 상부에는 대개 감시용 순회로가 있고 출입구가 되는 시문에는 방위시설로 탑도 있었으나 야간에는 닫아놓았다. 이렇게 시 구역과 외부를 명확하게 구분해놓았으나 전시에는 주변 농촌 주민을 들여보냈다고 한다.

시벽 안쪽의 시 구역은 중앙광장을 중심으로 주요 도로가 방사모양으로 뻗어있는 구조이고 광장 맞은편에 시청사와 교회가 있다. 중앙 광장에서는 정기 시장이 열렸고, 축제 행사나 기사들의 마상 창 시합(토너먼트)의 회장이 되었으며, 길드의 집회 장소나 범죄자의 처형 장소로도 이용되었다. 시청사에서는 시정 운영을 하고 재판이 열렸는데 개중에는 회의장과 감옥, 종루를 갖춰놓은 곳도 있었다. 주교좌 도시에서 발전한 대도시에는 랜드마크로서 1세기 이상에 걸쳐 대성당이 건축되는 경우가 있으며, 독일의 쾰른대성당의 경우는 13세기에 착공해서 600년이 훌쩍 지난 1880년에 완성되었다. 주요 도로 사이에는 좁은 골목길이 복잡하게 얽혀있었

고 빵집 골목, 재단사 골목, 길목마다 동업자가 모여서 살았다. 탁 트인 교차점에는 광장과 급수장이 있고 주변에는 소규모 교회와 수도원, 부유층의 저택이 즐비했다. 반대로 변두리에는 하층시민의 주거가 복작거렸다.

★ 17세기에 그려진 뉘른베르크의 지도. 중앙광장을 중심으로 그물망처럼 길이 뻗어있다.

도시의 주거

위로 확장된 도시주거

계획적으로 세워진 도시가 아니었던 중세도시는 인구가 유입할 때마다 생물처럼 성장해갔다. 하지만 시벽으로 둘러싸인 땅에는 한계가 있다. 그래서 인구 유입이 계속된 도시에서는 서민들의 주거가 점차 위로 확장되었고, 3~4층 높이로 고층화된 좁은 목조 건물들이 거리를 따라 빽빽하게 들어서 있었다. 특히 인구가 과밀한 대도시에서는 다리 위에도 건물이 세워졌는데 '런던 브릿지가 무너졌다(London Bridge Is Broken Down)'라는 동요로 유명한 런던 브릿지는 13세기 초에 완성된 이래로 현대의 아케이드 상점가처럼 상점들이 빽빽이 들어서 있었다.

도시주민의 대부분을 차지하는 상공업자가 사는 건물은 도로에 면한 1층이 점포와 공방이 있는 일터와 창고로 쓰이고 2층부터 주거공간인 경우가 많았다.

★ 시에나(이탈리아)의 시가. 중세 유럽의 모습을 간직한 거리.

☆ 도시의 인구밀도가 높다

서민 주택에는 건물 주인의 가족만이 아니라 도제들과 하숙인 등이 살았다. 한편, 기사계급이나 원거리 무역상, 유력길드의 우두머리 같은 부유층이 사는 주택은 큰 저택과 별택이 있고 뒤에 넓은 정원이 펼쳐져 있었다. 서민 주택에도 채광을 위해 뒷마당이 있었으나 증축 때문에 면적이 점차 축소되었다. 현재의 파리 구시가가 알기 쉬운 예일 것이다. 현재도 최소한의 중정을 볼 수 있다.

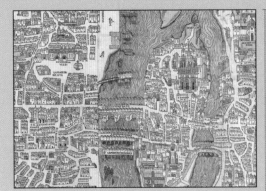

☆ 16세기 중반에 그려진 파리 지도 확대도. 센 강의 하중도(하천에 있는 섬)인 시테 섬과 연결된 다리에도 건물이 빈틈없이 서 있다.

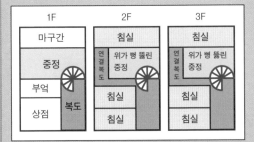

☆ 16세기 전반의 파리 서민주택의 평면도. 1층은 점포와 출입구가 있고 가장 안쪽에는 마구간이 있다.

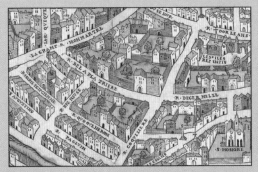

☆ 16세기 중반의 파리 지도(부분). 서로 마주보듯이 빽빽이 들어찬 서민 주택과는 다르게 부유층이 사는 저택에는 넓은 뒷마당이 있어 여유로운 구조였다.

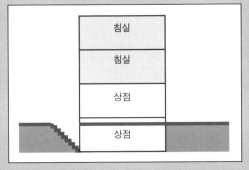

☆ 좁은 땅에는 1층을 반지하로 만들고 1, 2층을 점포로 쓰는 집도 있었다.

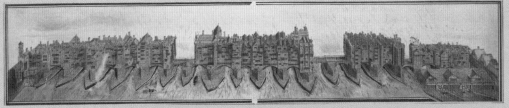

☆ 1600년 무렵에 지어진 런던 브릿지를 그린 일러스트. 13세기 초엽에 완성된 후 얼마 지나지 않아 다리 위에 점포 겸 주택 건물이 세워졌다.

도시의 정치와 주민

도시 귀족들이 운영한 시정

◆◆◆

11세기 이후, 중세 도시들은 영주나 국왕의 특허장을 받고 자치권을 얻었다. 이때, 자치체제 형성에 중요한 역할을 담당한 것이 카롤링거조 프랑크 왕국의 카를 대제(12쪽) 때 생긴 참심원(판결 발견인)이다.

유력한 자유농민들 사이에서 뽑힌 참심원은 중세 초기의 장원에서 정기 재판집회를 담당했는데 그 지위는 세습화되어 갔다. 도시가 형성될 무렵부터 관습법에 정통했던 세습 참심원은 계속해서 도시 영주의 관리로서 재판 기구를 관장했고 그 사이에 부유한 상인과 토지소유자 등 도시의 유력가도 참심원으로 참여하게 되었다.

이 합의체는 차츰 사법만이 아니라 징세와 치안 유지 등 행정을 담당하는 자치 체제의 중심조직으로 발전한다.

독일을 비롯한 북서유럽 도시에서는 참심원으로 구성된 시참사회가 시정기관이 되었고 북이탈리아에서는 콘술(집정관)이 중심이 되어 시정을 운영했다.

★ 선거권과 증가하는 도시의 인구

참사회원이나 집정관은 도시에 사는 기사와 유력상인 등 '도시 귀족'인 상층계급 중에서 선발되었다. 참정권도 부유한 지식인층과 상공업 길드의 정회원, 혹은 토지를 소유한 시민에게만 주어졌다. 도시 주민의 대부분을 차지하는 일반 상공업자와 하급관리, 봉공인(하인), 직인의 도제에게는 선거권이 없었다.

그 외에도 도시에는 농촌에서 유입된 농노와 용병, 창부, 거지 등의 주변인과 도시 주민과는 부딪힐 일이 없는 외국상인, 갖가지 차별대우를 받던 유대인이 있었다. 이중, 농촌을 피해 도시로 유입된 농노는 일정기간(통상은 1년하고도 하루)이 지나면 농노 신분에서 해방되어 자유민이 될 수 있었다. '도시의 공기는 자유를 만든다'라는 독일 속담처럼, 이 법에 따라 도시 인구는 계속 증가했다.

★ 프랑스의 화가 조르주 랄레망(Georges Lallemand) 작품 〈파리시의 상인대관과 참심원(1611년)〉

←★ 독일의 화가 · 판화가 한스 뮐리히가 1536년에 그린 남독일 레겐스부르크의 참사회 모습.

중세의 상인

원거리 무역과 금융업으로 번영했던 상인

중세도시의 주인공은 상인이었다. 각지에 자리한 도시에는 작은 가게를 차린 건물들이 빼곡히 모여 있었고 시장에는 행상인도 찾아와 물건을 팔았다. 그런 상인들 중에서도 먼 나라와 무역을 하는 상인들의 역할이 무엇보다 중요했다.

11세기 유럽은 중량유륜 쟁기(77쪽)와 삼포제농법(77쪽)의 보급으로 농업개혁이 진행되면서 북방에서는 노르만인의 침입이 잦아들고 남방에서는 지중해 무역을 막았던 이슬람세력이 쇠퇴하며 바야흐로 평화와 안정의 시대를 맞았다. 지중해 방면에서는 십자군 원정(158쪽)으로 촉발된 북이탈리아의 여러 도시가 동방 무역(레반트 무역)을 개시. 후추 등의 향신료와 비단, 페르시아 양탄자, 보석 등의 고급 사치품을 거래하게 되었다. 한편, 북방에서는 북해와 발트해 연안 지역 여러 도시에서 모직물과 해산물, 목재, 철광, 소금, 모피 등의 일용품 거래가 활발해졌다.

★1481년 제노바 항구의 풍경. 제노바 항구의 거의 정북쪽에 밀라노가 위치해있다. 이탈리아북부에 위치한 이곳은 바다로 향하는 관문으로 번영을 누렸다.

✯ 거점무역도 시작

나아가 이 두 무역권을 잇는 교역(115쪽)이 활발해지자, 대상을 조직한 상인들이 내륙의 여러 도시를 다니게 된다. 그 중에서도 샹파뉴 시장(114쪽)에는 남북 양쪽 무역권의 산물에다 플랑드르 지방의 모직물과 프랑스산 와인이 들어오며 12~13세기에 걸쳐 크게 번성했다.

하지만 13세기 후반이 되면 북이탈리아의 도시들이 갤리선을 띄워 해상으로 대량수송을 시작하자 샹파뉴가 갖고 있던 '북서유럽 최대의 국제 상업 도시'라는 지위는 플랑드르 지방의 브뤼헤(브루게 : 벨기에)로 옮겨 간다. 이 무렵에는 환전상이 환율 등을 이용한 원격지 거래나 자금 대출 등의 은행 업무를 하게 되었고, 이들이 앞 다투어 브뤼헤에 지점을 둠으로써 이곳은 국제금융센터로 발전해 갔다. 은행가들은 이윽고 파리와 런던, 북이탈리아의 여러 도시에 지점을 두고 금융과 상업 정보망을 구축하여 거대자본으로 발전한다.

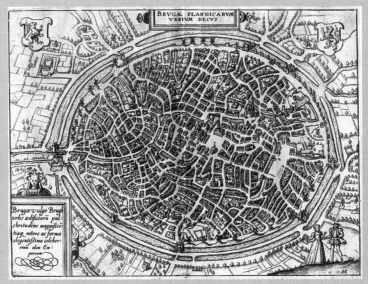

✯ 17세기 초에 그려진 브뤼헤 지도. 현재도 그 모습이 고스란히 남아 있다. 도시 안에는 운하가 거미줄처럼 뻗어 있어 '북쪽의 베네치아'로 불리었다. 과거에는 도시를 둘러싸고 흐르는 수로를 따라 성벽이 있었는데 현재는 철거되었다.

✯ 유대인과 금융업

중세 가톨릭교회는 부의 축적이 영혼의 구원을 방해한다며 상업과 금융업을 비난했다. 13세기 전반에는 로마교황 그레고리오 9세(1143?~1241)가 이자수령을 금지하는 '이자징수금지령'도 발포했다.

그래서 영주 제후나 대상인에게 자금을 빌려주던 은행가들은 융자금 이자를 자금 상환 지연에 따른 '벌칙금'이나 돈을 빌려준 답례로 '증여'를 받음으로써 겉으로는 징세 금지령을 지켰다.

그런 상황에서 사람들에게 거액의 돈을 빌려주고 서민에게 소액 융자를 해준 것이 유대인이었다. 그들에게는 로마교황의 위엄이 영향을 미치지 않아서 이자징수 금지령을 따를 필요가 없었다. 더욱이 피차별민(被差別民, 차별을 받는 백성)로서의 직업 선택에 제한이 있던 그들에게 고리로 돈을 빌려주는 것은 중요한 일이었다. 하지만 그렇게 해서 부를 축적한 유대인들은 점점 기독교 신자에게 원한의 대상이 되었고 종종 추방처분 등의 박해를 받게 된다.

중세의 통화와 화폐가치

카를 대제가 통일한 중세의 통화체계

물물교환이 주류였던 중세유럽에 통화제도가 도입된 것은 프랑크 왕국의 카를 대제(12쪽) 시대다. 부왕 피핀 3세(소 피핀)의 통화개혁을 이어받은 대제는 과거 고대 로마에서 쓰던 통화제도 '데나리우스'를 차용하여 1리브라=20솔리두스=240데나리우스라는 은본위제 통화체계를 만들었다.

리브라는 무게 단위이기도 해서 1리브라=약 460g의 순은으로 240개의 데나리우스를 만들 수 있었다. 그 후 프랑크 왕국이 분열되며 통화의 호칭도 나라마다 달라졌으나, 은의 무게를 기준으로 20분의 1, 240분의 1로 나누는 통화체계는 18세기 무렵까지 그대로 유지되었다. 19세기 초, 미국에서 은이 대량으로 발견되며 은의 가치가 폭락하자 세계 금융은 금본위제로 이행된다.

★ 중세 유럽에서 쓰던 은화. 종류는 달라도 가치는 같았다. 은본위제였기 때문에 은 함유량이 화폐로서의 가치를 보증했기 때문이다.

✦ 가치가 너무 높아 취급이 곤란한 은화

프랑크 왕국시대부터 실제로 화폐로 주조된 것은 데나리우스뿐이고 리브라와 솔리두스는 장부상 단위로만 사용되었다. 프랑크 왕국이 분열된 후, 각국에서도 한동안은 똑같이 최저 단위의 화폐가 주조되었으나, 상공업의 발달로 화폐경제가 발달하기 전까지는 그 최저 단위의 화폐마저도 일상에서 쓰기에는 너무 고액이었다. 그래서 잉글랜드에서는 1279년에 하프페니 은화(2분의 1펜스)와 파딩 은화(4분의 1펜스)가 주조되기 전까지 1펜스 은화를 반으로 나누거나 4분의 1로 나눠서 썼다고 한다.

카를 대제는 화폐 주조권을 국왕의 독점권으로 삼았지만, 그가 죽고 난 후 재빨리 각 지역의 영주와 교회가 화폐를 주조하기 시작했다. 상업 활동이 활발해진 12~13세기에는 프랑스 왕국의 데니어가 있는 상황에서 '파리 화폐', '투르화' 등 가치가 다른 화폐가 발행되어 샹파뉴 시장(114쪽) 등 국제시장에서는 환전상의 존재가 필수였다. 화폐의 남발과 동시에 상업활동이 활발해지자 은의 공급이 이를 따라가지 못해 각 통화의 은 함유량은 줄어들고 물가는 상승했다. 이에 따라 금화를 동시에 사용하는 금은본위제가 도입되었고 데니어 등은 동화로 변경되었다.

[각국의 통화체제와 호칭]

프랑크 왕국	1리브라	= 20솔리두스	=	240데나리우스
프랑스	1리브르	= 20수(솔)	=	240데니어
이탈리아	1리라	= 20솔드	=	240데나로
잉글랜드	1파운드	= 20실링	=	240펜스(페니)
독일	1파운드	= 20실링	=	240페니히

✦ 중세유럽의 화폐가치

중세 유럽의 화폐가치가 얼마 정도였는지는 시대와 지역에 따라 크게 달라진다. 그래서 현재의 화폐가치와 단순한 비교는 어렵지만 건물의 건설비용이나 노동자의 일당 등은 자료로 많이 남아있어 비교에 참고가 된다. 또 잉글랜드에서는 13세기에 1.5펜스였던 수습 노동자의 일당이 14세기 말에는 두 배인 3펜스로 뛰어올랐다. 이것은 흑사병(페스트)으로 인구가 격감하여 노동시장의 절박함을 반영한 임금인상이었다.

[각국의 통화체제와 호칭]

간소하게 지은 석조 성 건설비	약 400파운드(9만 6,000펜스) 12세기 후반 잉글랜드
런던탑 건설비	4019파운드(96만 4,560펜스) 12세기 후반 잉글랜드
하역노동자의 일당	4펜스, 13세기 잉글랜드
성 경비 기사의 일당	2실링(24펜스), 13세기 잉글랜드
석궁병의 일당	3.5펜스, 13세기 잉글랜드
석공의 주간임금	24~30데니어 13세기 중반 샹파뉴지방
살이 통통하게 오른 수탉	6데니어, 1250년 트루아
토끼	5데니어, 1250년 트루아
소금 5파운드	2데니어, 1250년 트루아
후추 1온스	4데니어, 1250년 트루아
수습 노동자의 일당	1.5펜스, 13세기 잉글랜드
직인의 일당	3펜스, 13세기 잉글랜드
수습 노동자의 일당	3펜스, 14세기 말 잉글랜드
직인의 일당	5펜스, 14세기 말 잉글랜드

중세의 시장

남북의 거대 무역권을 잇는 대규모 시장

도시와 일부 농촌에서도 열리던 시장은 중세 유럽 상품유통의 중심이었다. 매일 열리는 시장 외에도 매주 열리는 칠일장, 일 년에 몇 번씩 열리는 대목장(연시장) 등이 있는데, 그 중에서도 유명한 시장으로는 12~13세기에 번성했던 샹파뉴 시장이 있다. 지중해 교역권과 북해, 발트해 연안 교역권의 중계 지점이었던 이곳에서는 라니(1월), 바쉬르오브(3월), 프로뱅 북부(5월), 트루아 여름시장(7월), 프로뱅 남부(9월), 트루아 겨울시장(11월)이 일 년에 여섯 번, 네 도시를 돌며 대규모로 열렸다. 한 번의 개최 기간은 40~50일이어서 샹파뉴 지방에서는 거의 일 년 내내 어딘가에서 시장이 열렸다고 할 수 있다. 대규모 시장은 지역 영주였던 샹파뉴백의 보호 속에 열렸고 귀족과 시민이 선발한 감독관의 감시 하에서 공정한 거래가 이루어졌다.

★피터르 브뤼헐이 그린 16세기 후반의 시장.

⭐ 시대에 따라 이동한 국제시장

시장이 열리는 도시 주변과 도로의 경비, 통행세 감세, 전문숙소의 설치와 같은 편의가 제공되었고 원거리 무역을 하는 상인들에게는 샹파뉴백이 '안전통행장'을 발행해주어 상인들은 안심하고 상업활동에 전념할 수 있었다. 시장은 원거리 무역상인만이 아니라 인근 도시에 사는 상점주와 행상인, 주변 농촌에 사는 농민, 음식을 파는 포장마차, 길거리 곡예사, 창부와 거지까지 모이는 일대 이벤트였다.

거래에는 시장의 기준통화인 프로뱅의 데니어화가 사용되었지만, 사람들은 각지에서 주조된 화폐를 가지고 다니기 때문에, 이탈리아인과 유대인, 남프랑스 카오르의 상인 등의 환전상은 없어서는 안 될 중요한 존재였다. 그 중에서도 이탈리아인은 샹파뉴 대시를 무대로 신용거래와 융자 업무를 확장시키고 은행가로 발전한다.

그 후, 14세기에 들어서면 국제시장의 지위는 플랑드르 지방의 브뤼헤(브루게)로 이동했고 다시 중세 후기에는 프랑크푸르트에도 대규모 시장이 열리게 된다.

⭐ 19세기 역사서에 그려진 13세기 샹파뉴 대시의 모습.

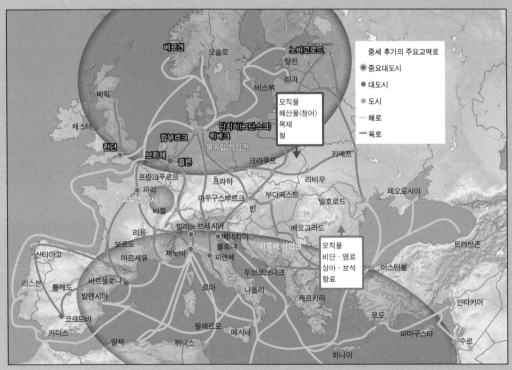

중세 후기의 주요교역로
- ◉ 중요대도시
- ● 대도시
- ● 도시
- — 해로
- ━ 육로

모직물
해산물(청어)
목재
철

모직물
비단 · 염료
상아 · 보석
향료

북유럽 상업권

지중해 상업권

베르겐 / 오슬로 / 노바고로드 / 탈린 / 리가 / 비스뷔 / 베릭 / 체스터 / 단치히(그단스크) / 뤼베크 / 함부르크 / 런던 / 브뤼헤 / 쾰른 / 크라쿠프 / 키에프 / 프랑크푸르트 / 프라하 / 리비우 / 파리 / 아우구스부르크 / 부다페스트 / 빌호로드 / 페오도시야 / 샹파뉴 정기시 / 비젤 / 빈 / 베오그라드 / 리용 / 밀라노 브레시아 / 트라브존 / 보르도 / 베네치아 / 산티아고 / 제노바 / 볼로냐 / 지중해 상업권 / 이스탄불 / 마르세유 / 피렌체 / 두브로브니크 / 리스본 / 톨레도 / 바르셀로나 / 로마 / 나폴리 / 케르키라 / 안타키아 / 코르도바 / 발렌시아 / 카디스 / 로도 / 파마구스타 / 수르 / 알제 / 팔레르모 / 메시나 / 튀니스 / 하니아

⭐ 유럽의 주요 도시는 무역으로 성장했다.

중세의 의복

기본은 튜닉

◆◆◆

　중세 사람들이 입었던 의복은 지역과 시대에 따라 다양하지만 대체로 경제 상황에 비례해 호화로움이 달랐다. 가장 검소한 것은 농민으로, 기본적으로는 농사를 짓기 위해 삼베나 모직물로 만든 튜닉을 입었는데, 의전 등에 입던 단벌 외출복을 자식에게 대대로 물려주는 집도 있었다.

　도시 주민의 복장은 농민보다 호화로웠지만 귀족계급과 구별하기 위해 영주와 국왕이 호사스러운 복장을 규제하기도 했다. 가톨릭 교회에서는 재물을 쌓아놓는 걸 악덕으로 여겨 돈 많은 상인이라도 지나치게 호화로운 복장은 피하는 편이었다.

　왕후 귀족은 도시 주민에게 금지된 담비나 다람쥐 모피, 비단과 나사 등 값비싼 소재를 써서 옷을 지어 입었다. 또한 시대의 유행에 따라 변화도 극심했다.

FRENCH.   34.   1100.

1. 2. Peasants. 3. Man of rank. 4. 5. 6. 7. Ladies of rank. 8. Warrior. 9. Pilgrim. 10. Queen. 11. King. 12. Costume of the people. 13. 14. 15. Knights.

★ 1882년에 출판된《각 나라의 의복(Costumes of All Nation)》
의 삽화. 1100년경 프랑스인들의 복장으로 왼쪽 위에서부터 농민
두 명, 귀족 남성, 귀족 여성 네 명, 전사, 순례자, 아래쪽에는 왼쪽
부터 여왕, 왕, 서민, 기사 세 명이 나란히 서있다.

⌐─★ 중세 런던의 재단사. 14세경의
도시 주민에게 코트와 코트아르디
라는 상의가 일반적이 되면서 단추
를 잔뜩 달아 꾸미는 것이 유행했다.

중세의 직인

부모의 직업을 이어받다

◆◆◆

　　수공업 중에는 직물공이나 피혁공처럼 농촌에서의 분업의 발달로 탄생한 직업도 있고, 말의 편자를 만드는 대장장이나 건물을 세우는 목수처럼 영주와 성직자의 필요에 의해 탄생한 직업도 있다. 어느 수공업자나 차츰 더 큰 시장인 도시에 모이게 되면서 상인과 더불어 도시의 주요 주민이 되었다.

　　수공업자는 장인과 직인, 도제로 구성되었고, 도제는 장인의 집에서 의식주를 제공받으며 일을 중심으로 전반적인 교육을 받는 대신에 급료는 받지 않았다. 7~10년 정도의 도제 기간을 마치면 장인에게 급료를 받으며 일하는 직인이 된다. 빵집 자식은 빵집의 도제, 금세공사의 자식은 금세공사의 도제가 되는 식으로 자식이 부모의 직업을 이어받은 집이 대부분이었다.

✦ 부모로부터 세습되는 장인의 자리

단, 자식이 부모 밑에서 도제가 되는 경우는 드물었다. 대개는 아버지가 아는 동업자의 제자로 들어가 직인이 되기 위해 정진했다. 도제기간을 마치고 직인이 되면 더욱 솜씨를 갈고 닦아 장인을 목표로 삼았다. 새로 장인으로 인정받으려면 장인만을 정회원으로 받는 동업자 조합(길드)에 상품의 품질을 확인받아야 했다.

하지만 흑사병(페스트)의 유행으로 유럽의 인구가 감소하자 수요가 줄어 장인의 자리를 승인받는 일이 어렵게 되어, 모시던 장인 곁을 떠나 집으로 돌아와 친부에게 장인의 자리를 물려받는 일이 늘어났다.

도시의 수공업은 모직물공과 비단직물공, 대장장이, 목수, 피혁공, 빵집, 푸줏간, 여관 등이 대표적인데, 모직물공업이나 건축업이 작업공정이 세분화되며 꽤나 많은 직종으로 나뉘어 13세기 파리에는 수공업만 300종류가 넘었다고 한다.

✦14세기 초에 그려진 대장간의 모습

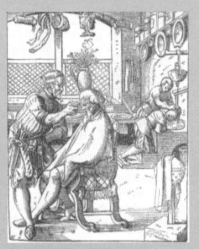

✦16세기 판화에 그려진 이발소

✦ 프리메이슨의 로지

수공업자들은 대개 도시에 정착해서 살았으나 각지를 돌아다니며 일하는 편력 직인도 있었다. 그 대표적인 예가 석공이다. 그들은 성곽이나 대성당 등 건축현장에서 일했는데, 하나의 공사가 완성되면 다음 현장으로 이동했다. 각 건축현장에는 로지라는 숙식을 하고 도구를 보관하는 거점이 있었다. 이런 석공들의 조합에서 발전한 조직이 세계를 움직이는 비밀결사로 알려진 프리메이슨이다. 현재도 우애결사조직으로 활동하고 있는 프리메이슨의 지방조직이나 그 거점을 로지(대규모 거점은 그랜드 로지)라고 하는데, 이는 중세 편력 직인 시대의 흔적이다.

←✦ 염색 직인(15세기: 프랑스). 양모로 짠 천을 물들이고 있다. 염료는 동물과 식물이 원료였다. 그림에서와 같은 붉은색은 깍지벌레를 잘게 부숴 만든다.

✦돼지를 해체하는 푸줏간. 여성이 피를 모으고 있다. 피는 소시지의 원료가 된다.

길드의 성립

상인 길드와 동직 길드, 직인 길드도 탄생

　　도시의 발전에 따라 동업자 조합인 길드도 등장했다. 최초로 등장한 길드는 상인 길드로 현재의 네덜란드 중부의 도시 틸에 1020년경에 존재한 것이 가장 오래된 길드다. 상인 길드의 목적은 외부인과의 경쟁을 피하고 상업을 독점하는 것이었는데, 그 외에 도시에서의 권리확보와 생활면에서 상호공조, 도시의 질서유지, 도로와 시문의 정비 비용 거출, 도시 경비 등 시대가 지남에 따라 역할이 늘어났다. 상인 길드에는 주로 원거리 무역을 하는 상인이 가입했으나 소매상 점주와 수공업자도 볼 수 있었다. 그러다 13세기가 되면 수공업자도 독립된 동업조합인 동직 길드(수공업길드)를 조직하고 제품가격의 통제와 품질 관리, 노동 시간, 직인과 도제의 수, 도제의 수행 제도 등 다양한 규제를 마련해 나갔다.

★체코 사본에 그려진 길드 문장. 각각의 직업을 상징하는 도구가 그려져 있다.

✬ 정치를 좌우하는 길드

도시 자치권은 확대되었으나 시정은 앞서 조직된 상인 길드의 대상인들에게 거의 독점되어 있는 경우가 많았다. 그래서 독일과 네덜란드의 도시에서는 13세기 말부터 14세기에 걸쳐 춘프트(Zunft, 독일에서의 동업 길드의 호칭)를 조직하여 춘프트 투쟁이라고 하는 시정참가운동을 펼쳤다. 실제로 아우구스부르크 등의 몇몇 도시에서는 춘프트가 시정에 참여하게 되었다. 나아가 중세 후기에는 장인의 특권적 지위에 대항하기 위한 직인 길드도 형성되었다.

✬ 세분화된 길드

길드의 수는 가령 마구 제조업이 고삐공, 등자공, 가죽끈공 등으로 나뉘어 졌듯이 시대에 따라 달라지지만, 1268년경에 파리에서 편찬된 〈동업조합 규약집〉에는 101개의 동직 길드 규약이 실려 있었다. 각 길드에는 직업을 가리키는 상징 마크와 인장에 있었고, 각 직업을 대표하는 수호 성인도 있었는데, 길드 구성원이 수호성인을 기리는 축일을 축하하며 연대감을 강화했다. 길드의 구성원은 거의 전부가 남성이었으나 파리와 쾰른에서는 견직물공과 금모자공 등 여성만으로 구성된 길드도 있었다.

★ 13세기 파리에서 직물공으로 일하는 여성. 파리의 견직물 산업은 여성이 독점했다. 견직물 산업의 길드가 여성만으로 구성되어 있었던 것은 당연한 일이었다.

★ 단조(금속을 쳐서 성형하는 공작물의 강도를 높이는 데 사용되는 가공 방법)기술자 길드를 대표하는 사인(독일).

★ 15세기 전반에 그려진 플랑드르 화가 로베르 캉팽이 그린 〈메로드의 제단화〉 (부분). 성모 마리아의 남편이자 목수였던 성 요셉은 목수의 수호성인으로 회화에 자주 등장한다.

중세의 교통

도시를 잇는 가도와 수상교통로

◆◆◆

중세 초기의 교통의 요지는 육로였다. 주요 도로 중에는 고대 로마시대의 도로도 있었는데 로마가도는 각지의 군사 거점을 직선으로 연결하고 있는 것이 많아 상인처럼 여기저기 흩어져 있는 도시와 농촌을 다니려는 사람들에게는 불편하게 느껴졌다. 그래서 버려진 도로도 적지 않았고 계속 사용하는 경우에도 지난날 포석으로 깔아놓은 포장이 유실되고 자갈만 남아있어 길의 상태가 울퉁불퉁했다. 그래도 중요한 도로는 국왕과 영주의 명령으로 정비, 유지되었는데 대신에 통행세가 있었다. 주변 농촌으로 이어지는 길이나 심지어 농경지나 교회로 가는 샛길은 농촌이 관리했다. 이동 수단은 도보가 주류였으나 짐을 운반할 때는 말이나 당나귀, 노새도 이용되었다. 귀족과 부유한 사람은 말을 타고 이동했는데, 말을 탄 사람의 하루 평균 이동 거리는 30~50km이었다고 한다.

★ 한자동맹으로 번영하던 비스뷔에는 시내를 지키는 방어벽과 시내로 이어지는 길이 남아있다(스웨덴).

⭐ 여단을 편성

주요 도로라도 숲으로 둘러싸인 장소에서는 도적이나 늑대의 습격을 당하는 일도 있었기 때문에, 동료와 함께 이동하거나 무장한 대상과 동행해야 했다. 기상조건에 따라서는 토사가 붕괴되거나 나무가 쓰러져서 도로가 가로막히는 경우도 드물지 않아서 이동에는 여러 가지 어려움이 따랐다.

★ 12세기 잉글랜드 수도사
우스터의 존이 그린 헐크선.

⭐ 수상교통으로 교역이 가속

한편, 수상교통이 12세기경부터 발달하자 육상교통보다 운반량이 늘어나면서 각지의 상업활동이 활발해졌다. 발트해 무역에서는 파도에 강한 소형범선 코그선을 띄웠고, 운하와 하천 등의 내륙수운에는 카라벨선의 원형이 되었다는 헐크선 등이 항행했다. 지중해에서는 약한 바람에도 안정되게 항행할 수 있도록 여러 개의 노를 갖춘 갤리선이 주로 다녔다. 13세기 후반, 이 갤리선으로 이탈리아 도시의 상인들이 이베리아반도를 우회하여 플랑드르 지방으로 가는 해상 교통을 시작하면서 상업 활동은 더욱 활기를 띠게 되었다.

★ 15세기 베네치아의 갤리선. 노
젓는 사람은 임금을 받는 것 외에,
직접 소규모 무역을 하여 소소하게
돈을 벌 수 있어 인기 직업이었다.

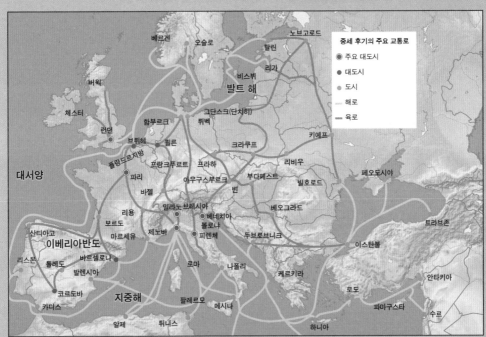

중세 후기의 주요 교통로
- ◉ 주요 대도시
- ● 대도시
- ● 도시
- — 해로
- — 육로

베르겐
오슬로
노브고로드
탈린
리가
비스뷔
발트 해
버윅
그단스크(단치히)
뤼벡
키예프
체스터
함부르크
런던
쾰른
크라쿠프
리비우
브뤼허
플랑드르지방
프랑크푸르트
프라하
페오도시아
대서양
파리
아우구스부르크
부다페스트
빌호로드
바젤
빈
리옹
밀라노 브레시아
베네치아
베오그라드
트라브존
보르도
제노바
볼로냐
산티아고
마르세유
피렌체
두브로브니크
이베리아반도
이스탄불
리스본
바르셀로나
안티키아
톨레도
발렌시아
로마
나폴리
케르키라
로도
코르도바
지중해
팔레르모
메시나
파마구스타
카디스
수르
알제
튀니스
하니아

중세의 정보전달

푸줏간이 전했던 중세의 우편

◆◆◆

중국에서 발명된 종이가 유럽에서 본격적으로 퍼진 것은 13세기 후반 이후로 그전까지는 고가인 양피지가 쓰였다. 그래서 멀리 떨어진 곳에 있는 사람에게 정보를 전하고 싶으면 상인이나 유랑연예인, 편력 직인, 순례 등을 하는 여행자의 입을 통해 전하는 수밖에 없었다. 또 도시와 농촌에 사는 사람들은 여행자에게 어디에서 무엇을 보고 들었는지를 물어 멀리 떨어진 장소에서 일어난 사건이나 분쟁 등의 정보를 얻었다. 도시에서는 광장에서 길거리 설교를 하는 탁발수도사(149쪽)가 시사적인 내용을 담아 정보를 전하기도 했다.

한편, 왕후 귀족과 고위 성직자, 도시의 대상인과 대학 등 부유한 개인과 조직은 전령(메신저)을 고용하여 양피지에 쓴 편지를 전하기도 했다.

★ 양피지는 양가죽의 지방을 제거하고 얇고 균일하게 잡아당겨서 만든다. 가죽이라기 보다는 종이 질감이다.

★ 전령을 사용한 고속 통신

권력자에게 고용된 전령은 교회에서 특별한 대접을 받거나 국왕의 보호를 받음으로써 신병을 보장받고 있었지만, 긴 여행을 하는 도중에는 위험이 끊이지 않았다. 그래서 창과 검, 석궁 등으로 무장하는 경우도 많았다. 또 외국으로 파견을 나가는 전령에게는 현지의 정보 수집도 기대했으므로 여러 언어를 말할 수 있어야 했고, 기밀문서를 운반할 때는 순례자 등으로 변장해서 옷과 신발에 문서를 숨기고 다니는 등 은밀한 측면도 있었다. 통상, 전령은 말을 타고 이동했는데, 말은 사람보다 빨리 지치고 회복도 느려서 하루 평균 이

동 거리가 20~30마일(32~48km)이었다고 한다. 그래서 한시라도 빨리 정보를 전달해야 하는 이탈리아 금융업자는 하루에 55마일(88km)을 달릴 수 있는 파발꾼을 고용했다.

14세기에 들어서면 제지업이 융성하여 서민도 편지로 정보를 전달할 수 있게 되었다. 당시 우체부 역할을 한 것은 상인 등 여행자들이었는데, 특히 푸줏간 주인이 우체부를 겸하는 경우가 많았다. 빨리 썩는 고기를 각지에 있는 판매처에 빠르게 운반해야 하는 관계로 우수한 말과 짐마차를 갖고 있었기 때문이다.

★ 중세의 전령. 도둑의 습격을 받지 않으려고 창으로 무장했다.

★ 15세기 전반에 이탈리아의 시에나에서 활약한 신학자 성 베르나르디노. 수도사가 광장에서 하는 설교에는 기적적인 일이나 사건, 분쟁 등의 시사적 내용이 담겨 있었고 이는 많은 사람에게 전해졌다.

중세의 재해

신의 노여움이라 여겼던 자연재해

◆◆◆

　　지진과 폭풍, 홍수 등 자신들의 힘으로는 어떻게도 할 수 없는 경험을 했던 중세 유럽인들은 이러한 자연재해를 신의 분노라고 여겼다. 교회도 다르지 않아서, 가까이서 일어난 벼락과 산사태를 노상 설교에 집어넣은 예가 수도사 설교집에 숱하게 남아 있다. 실제로 자연재해를 당했을 때에도 교회와 수도원은 집을 잃은 사람을 구빈시설에서 보호하고 기도를 독려함으로써 혼란스러운 인심을 추스르는 역할을 했다.

　　대규모 재해에 관해 구체적으로 살펴보면 플레이트(판, 지구의 겉 부분을 둘러싸는, 두께 100km 안팎의 암석 판)의 경계에서 먼 유럽에서는 이탈리아와 도버해협을 제외하고 대지진이 거의 일어나지 않았다. 한편, 북해 연안 지역에서는 아이슬란드 저기압이 일으키는 겨울 폭풍에 의한 해일로 이따금 홍수 피해를 입었다.

🏹성 엘리자베트 홍수(1421년)의 피해 모습을 그린 회화.

⭐ 많은 피해를 낸 수해와 역병

특히 저지대 국가로도 불리는 네덜란드에서는 툭하면 홍수가 발생했는데, 1953년에도 겨울 폭풍으로 홍수가 일어나서 1800명 이상이 숨지는 해일피해를 입었다. 중세에는 그 피해는 더 커서 수만 명이 죽는 홍수가 잇달아 일어났다. 1170년 만성절(11월 1일)에 일어난 홍수에는 담수호였던 프레호르가 자위더르해(네덜란드 북부에 있었던 만. 원래는 호수였으나 북해의 물이 넘쳐 들어와 바다가 되었다.)라는 해수로 바뀌고 1287년 성 루시아제(12월 13일)에 일어난 홍수로는 자연제방이 무너지면서 북해와 연결된 만이 되었다. 이것은 자위더르해 가장 안쪽에 위치한 암스테르담이 무역의 중심지로서 발전하는 계기가 되었다.

기후변동에 의한 기근도 사람들을 괴롭혔다. 특히 소빙하기로 기온이 한랭해진 14세기 이후 유럽에서는 지역에 따라 차이가 있지만 평균 5~6년에 한 번은 기근이 일어났던 것으로 보인다. 또 목조 주택이 밀집한 도시에서는 화재도 자주 일어나서 이런 재해로 가옥과 인명 피해를 입었다. 그리고 중세 유럽에서 가장 많은 인명을 앗아간 것은 역병, 특히 흑사병(페스트)이었다.

[11~16세기에 일어난 서유럽의 자연재해]

1091년	런던 회오리. 600채가 넘는 가옥과 교회가 무너졌다.
1117년	베로나 지진. 이탈리아 북부가 진원지인 지진으로 3만 명이 희생되었다.
1169년	시칠리아섬 지진. 에트나산의 분화도 따라 일어났다고 하며 1만 5000~2만 5000명이 희생되었다.
1170년	만성절 홍수. 북해의 해일에 따라 현재의 네덜란드 북부의 대부분이 피해를 받았다. 북해와 발트해 연안에서는 만성절(11월 1일) 전후로 몇 번이나 홍수가 일어났다.
1185년	이스트 미들랜드 지진. 브리튼섬 중부에서 일어난 지진에 의해 링컨 대성당 등이 파괴되었다.
1219년	그르노블 홍수. 로망슈 계곡에 만든 자연제방의 결괴로 프랑스 남동부 그르노블 평야가 홍수 피해를 받았다.
1258년	대기근. 전년도에 인도네시아의 롬복섬에서 일어난 화산 폭발이 원인으로 보이며 런던에서만 1만 5000만의 사망자가 나왔다.
1275년	브리튼섬 지진. 수많은 교회가 파괴되었다.
1287년	성루시아제의 홍수. 북해 등으로 폭풍우가 불어서 네덜란드와 북독일, 잉글랜드에서 제방이 무너져 5만~8만 명의 사자가 나왔다.
1315년	유럽 대기근. 1315~17년에 걸쳐 유럽 전체에서 발생한 대기근. 수많은 도시에서 인구의 10~25%가 죽었다고 한다.
1342년	성 막달라 마리아의 홍수. 막달라 마리아 축일(7월 22일) 전후에 일어난 폭풍으로 독일과 북이탈리아 등 유럽 중앙부의 광범위한 영역에서 홍수가 일어났다.
1343년	나폴리 해일. 지중해 스트롬볼리 섬의 산체 붕괴가 원인으로 추정되는 해저 산사태에서 해일이 일어났다고 한다.
1348년	프리울리 지진. 남알프스의 프리울리 지방이 진원지인 지진. 대규모 산사태가 수반되어 많은 희생자를 냈다.
1349년	아펜니노 지진. 9월 9일, 이탈리아 중부 아펜니노 산맥 부근을 진원으로 하는 지진. 다음날 10일에도 여진이 일어나서 많은 피해가 났다.
1356년	바젤 지진. 스위스 북부를 진원지로 하는 지진으로 다수의 피해가 발생.
1362년	성 마르첼로 홍수. 북해에서의 강풍이 원인으로 브리튼섬과 덴마크에서 적어도 2만 5000명이 희생되었다.
1382년	도버해협 지진. 잉글랜드 남동부와 프랑스 북서부 등에서 큰 피해가 나왔다.
1421년	성엘리자베트 홍수. 성 엘리자베트의 축일(11월 19일) 전후에 일어난 폭풍에 의한 해일 피해로 네덜란드와 프랑스북부가 피해를 받았다. 같은 지역에서는 1375년, 1404년에도 같은 날 전후로 홍수가 일어났다.
1428년	카탈루냐 지진. 2월의 지진을 시작으로 약 1년에 걸쳐 간헐적으로 지진이 계속되고 많은 교회가 파괴되었고 가옥이 전부 파괴된 마을도 있었다.
1461년	라퀼라 지진. 이탈리아 중부를 진원으로 하는 지진으로 수많은 교회가 파괴되었다.
1511년	이드리야 지진. 현재의 슬로베니아서부를 진원으로 하는 지진으로 추정 사망자는 1만 수천 명에 이른다.
1570년	페라라 지진. 이탈리아 북부 페라라를 진원으로 하는 지진으로 여진이 4년간이나 계속되어 페라라에는 가옥의 절반이 파괴되었다.
1580년	도버해협 지진. 영국의 웨스트민스터 사원과 프랑스 릴의 노트르담 대성당 등이 피해를 받았다. 그 외에 도버 해협에서는 1382년과 1776년, 1950년에도 지진이 일어났다.

흑사병

14세기의 유럽을 강타한 팬데믹

의학이 발달하지 않았던 중세 유럽인들에게 가장 두려워해야 할 대상은 역병이라는 눈에 보이지 않는 적이었다. 특히 외모의 변화가 심한 한센병이나 천연두가 공포의 대상이었으나, 14세기 이후 한랭화로 기근이 빈발하자 영양상태가 악화된 사람들 사이에 티푸스와 인플루엔자가 유행했고 맥각균이 기생하는 밀과 호밀을 통해 맥각중독증도 유행했다. 이렇게 인구가 감소하고 있던 유럽을 공포의 밑바닥까지 떨어트린 것이 흑사병이라고 불리는 페스트의 대유행이다.

1330년대에 중앙아시아, 혹은 중국에서 발생한 페스트는 1347년에 흑해의 크리미아 반도에 도달했고 같은 해에는 제노바의 무역선을 통해 이탈리아로 옮겨왔다. 이듬해 1348년에는 런던과 브뤼헤에도 퍼졌고 1350년에는 발트해 지역까지 이르렀다.

★페스트의사의 재현. 부리처럼 보이는 마스크 부분에는 향신료가 잔뜩 들어가 있었다. 이것으로 페스트를 막을 수 있다고 생각했으나 효과는 없었다. 당시 사람도 그 효과에 의문이 있었는지 페스트 의사는 기피 직업이었다.

★ 인구의 3분의 1이 사망

일부에서는 폐페스트도 볼 수 있었지만 주로 유행한 것은 선페스트로 피렌체의 시인 보카치오는 '병의 첫 징후는 사타구니와 겨드랑이에 생기는 종양인데, 크기가 사과만한 종양과 달걀만한 종양이 있다'고 기록해 놓았다. 감염경로는 쥐나 쥐에 붙은 벼룩이 매개하는 것 외에 공기 감염도 일어나고 있었다고 한다. 사망률은 지역에 따라 차이가 있으나 대략 유럽 인구의 3분의 1이 죽었다고 하며 총수로 따지면 2,500여만 명이라고 한다. 흑사병은 그 후에도 간헐적으로 유행해 유럽이 1300년 당시의 인구를 회복한 것은 1500년경이 되고 나서다.

인구 감소에 따른 노동력 부족은 농민의 지위를 향상시켰고 덕분에 농노 신분에서 해방되어 자유농민이 된 자들이 늘어났다. 이로써 영주들의 전통적 장원 경영이 끝이 나고 소작화가 진행되었다. 도시노동자의 임금도 상승했는데 동시에 물가도 급등하여 실질적인 소득은 거의 늘어나지 않았다. 또 종말사상이 퍼져 해골로 표현된 죽은 자가 산 자의 손을 잡고 춤추는 '죽음의 춤'이라는 주제의 예술이 등장했다.

★ 1424년에 나온 책의 삽화. 다양한 계층의 사람들이 해골과 춤추는 모습이 그려져 있다.

★ 보카치오가 쓴 《데카메론》(1348~53년)의 삽화. 《데카메론》은 페스트의 난을 피해 교외로 피신한 남녀 열 명이 무료함을 달래기 위해 이야기를 하는 형식의 설화집이다. 왼쪽에는 많은 시신을 매장하는 모습이 그려져 있다.

[유럽에서 흑사병(페스트)이 전파된 경로]

중세의 의술
위험한 민간의료가 횡행

물심양면으로 기독교가 사회의 중심이었던 중세 유럽에서는 의학의 발전도 교회를 통해 이루어졌다. 그 중에서도 이탈리아 중부에 있던 베네딕토회의 몬테카시노 수도원에서는 창시자인 성 베네딕토의 유훈에 따라 간병과 의료를 중시하고 의학서를 수집했으며 약초원의 설립 등에도 진력을 다했다.

마찬가지로 7세기에 베네딕토회 수도원이 세워진 이탈리아 남부 살레르노에서는 비잔틴 제국과 이슬람권에서 대대로 전해져온 고대 그리스의 의학자 히포크라테스와 고대 로마의 갈레노스 등 고전 고대 의학자들의 저서가 활발히 번역되었다. 9세기 무렵에 살레르노에 의학교가 설립되자 의학센터로서 많은 사람이 치료차 방문했다.

12~13세기 무렵부터는 각지에서 설립된 대학에 의대가 설립되었고, 그 중에서도 볼로냐 대학, 몽펠리에 대학, 파리 대학, 파도바 대학이 의학 발전에 중심역할을 했다.

이런 고등교육을 받고 학위를 취득한 의사는 왕후 귀족과 고위 성직자 등 권력자에게 의료를 제공했으나 일반서민에게는 학위가 없는 전문 의료인이 따로 있었다. 이발소 외과의나 공중목욕탕 외과의라고 하는 자들로 이들이 이발 외에도, 사혈(혈액의 일부를 체외로 내보내는 치료)과 골절, 베인 상처 등을 치료했다. 공중목욕탕 외과의도 마사지 외에 사혈이나 골절, 탈구된 뼈를 접골했다. 또 발치를 전문으로 하는 자, 요도를 잘라 요로결석을 제거하는 의료인은 편력 직인으로 대목장이 열리면 치료를 했는데, 환자가 고통에 못 이겨 비명을 지르면 이를 숨기기 위해 광대의 모습을 하고 북을 두드리면서 치료를 했다고 한다. 그래서 사고도 많았으나 옛날부터 조합을 만들어 저항했으므로 규제가 쉽지 않았다.

★14세기에 그려진 발치하는 모습. 이를 뽑는 사람이 뺀 이로 만든 목걸이와 벨트를 몸에 두르는 기발한 모습으로 선전하면서 연시장 등에서 영업했다.

★고대 그리스에서부터 이어져온 '천두(穿頭)'라는 당시의 치료법이 그려져 있다(15세기 후반~16세기 초 : 네덜란드). 몸에 생긴 이상을 두개골 안에 쌓인 나쁜 영혼의 소행으로 여기고 두개골에 구멍을 뚫어서 그 악령을 제거한다고 믿었다.

제 5 강

중세의 기독교회

가톨릭과 정교회

동서양교회가 서로를 파문한 교회 대분열

313년, 로마제국으로부터 여러 번 박해를 받았던 기독교회가 밀라노 칙령으로 정식으로 공인을 받자 제국 안팎으로 신도를 늘리기 시작했다. 381년, 제국의 수도가 된 콘스탄티노플(현 이스탄불)에서 열린 공회의에서는 교세가 확장된 교회를 다섯 개의 총대주교구로 나누고 선두인 로마를 선두로 콘스탄티노플, 알렉산드리아, 안티오키아, 예루살렘으로 서열을 정했다.

4세기 말에 로마제국이 동서로 분열되자 콘스탄티노플 총대주교구는 로마를 제외한 세 곳의 총대주교구를 지도하는 입장이 되었으나 이후 라틴어권인 로마교회와 그리스어권인 콘스탄티노플 교회는 교류가 소원해졌다.

★가톨릭 추기경 홈베르트가 콘스탄티노플 총대주교 미카엘 1세 케룰라리우스에게 파문장을 건네는 장면. 11세기 후반의 회화.

✴ 가톨릭교회가 탄생하고 분열

476년에 서로마제국이 멸망하자 비호세력을 잃은 로마교회는 자신의 종교적 권위를 높여서 살아남으려 했다. '5대 주교의 우두머리'라는 입장에서 '지상에서의 하느님의 유일한 대리인'을 자칭했고, 머지않아 로마 주교가 교황, 로마 교회를 '보편적'을 어원으로 하는 가톨릭이라 칭했다. 이 시도는 게르만인에게 기독교가 침투하며 빛을 발하여, 756년에는 프랑크왕 피핀 3세(소피핀)가 라벤나 지방을 교황령으로 봉납한다. 이어서 800년에는 교황 레오 3세가 카를 대제를 로마 황제로 대관함으로써 로마 가톨릭교회는 동로마제국(비잔틴제국)의 종주권에서 명실상부 벗어나는데 성공한다.

그 후 로마교회와 콘스탄티노플교회는 전례형식의 차이와 동방에서 일어난 성상 파괴운동의 찬반 여부 등으로 의견이 대립하게 되었다. 그 중에서도 로마 교회가 주장했던 공회의보다 로마 교황의 결정이 우월하다고 주장하는 '교황 선두권' 문제로 분쟁이 일어난다. 1054년에는 로마 교황 레오 9세와 콘스탄티노플 총대주교 미카엘 1세 케룰라리우스가 서로를 파문하면서 교회는 서방의 가톨릭교회와 동방의 정교회(오소독스)로 분열(교회 대분열)했다. 그리고 이 파문은 약 900년 후인 1965년에야 양쪽에서 철회되었다.

[동서교회 분열의 경위]

313년	밀라노 칙령으로 로마제국이 기독교 공인.
330년	콘스탄티노플 1세가 로마에서 콘스탄티노플로 수도를 천도.
381년	콘스탄티노플 공회의에서 5대 총주교구를 결정.
395년	테오도시우스 황제가 죽은 뒤, 로마제국이 동서로 분열.
476년	서로마제국이 멸망.
495년	로마 주교회의에서 교황 젤라시오 1세에게 '그리스도의 대리자'라는 칭호를 사용.
622년	무함마드가 메디나에서 이슬람교단 국가를 건설.(이슬람력 원년)
756년	피핀 3세가 교황령을 봉납.
800년	교황 레오 3세가 카를 대제를 로마 황제로 대관.
1054년	동서교회가 서로를 파문. 교회 대분열.
1204년	제4차 십자군 공격으로 콘스탄티노플이 함락. 정교회인 가톨릭에 대한 악감정이 회복불가능한 상태로 된다.
1965년	교황 바오로 6세와 총대주교 아테나고라스 1세가 공동선언을 발포하고 쌍방의 파문을 철회.

[동서교회 대분열(1054년) 이후,
가톨릭과 정교회의 분포]

✴ 7세기 이후, 지중해 남동부의 대부분을 이슬람교 세력에 빼앗긴 정교회는 북방으로 포교를 추진. 10세기에는 키예프 대공국의 블라디미르 1세가 정교회를 국교로 받아들이며 현재의 우크라이나 정교와 러시아 정교의 전신이 되었다.

잉글랜드왕국
키예프대공국
프랑스왕국
신성로마제국
헝가리왕국
로마가톨릭교회의 분포
포르투갈
카스티야
아라곤
로마
동로마제국
콘스탄티노플
셀주크조
정교회의 분포
안티오키아
무라비드조
무와히둔조
이슬람교 세력의 분포
예루살렘

교회의 조직과 직책

교황을 정점으로 한 지배 구조

◆◆◆

　　포교활동으로 유럽 각지에서 교화가 진행되는 가운데, 로마 가톨릭교회에서는 로마교황을 정점으로 하는 대주교·주교·사제라는 피라미드형 성직위계제도(계급, 히에라르키)가 정비되었고, 각지에 세워진 사설교회도 그 질서체계에 편입되었다.

　　각 교구(소교구)에 배치된 사제는 신부(프로테스탄트에서는 목사)라고 불리며 제례와 장례 등을 집행했고 세례·고해·성체(미사) 등 일곱 가지 성사(97쪽)를 치렀다. 그들은 신도들을 직접 만나 마음의 안식을 주는 한편, '십일조'도 징수했다.

　　교구의 규모와 인원이 늘어나자 사제를 보좌하는 조제와 부조제, 미사 준비를 하는 시종직, 민중에게 기도문을 읽는 법을 가르치는 독사(독서직), 성당문의 개폐와 종을 울리는 수문직, 세례 등에서 악마를 쫓는 의식을 하는 구마직(엑소시스트)도 생겼다.

★제170대 로마 교황 알렉산데르 3세를 그린 프레스코화. 로마 황제 프리드리히 1세가 교황에게 무릎을 꿇은 일화가 그려져 있다. 로마교황의 권력은 머지않아 황제의 권력을 뛰어넘게 된다.

✲ 봉건 영주화된 교회 조직

주교(비숍)는 여러 교구를 묶은 주교구를 관리하고 이를 관할하는 사제를 지도했으며 주교좌가 있는 도시의 교구에서 사제 업무를 처리했다. 교황 다음의 지위인 대주교는 여러 주교구를 묶은 대주교구를 관할하는 동시에 자신도 주교로서 맡고 있는 주교구를 관할했다. 이를 총괄한 로마교황에게는 주교와 대주교를 임명하는 권한이 있었는데, 이 권한이 차츰 국왕과 황제 등 세속권력에게 넘어간다.

하지만 11세기 후반의 교황 그레고리오 7세(28쪽)는 신성로마황제와 성직서임권 투쟁을 벌였는데, 사후에 나마 서임권을 되찾는데 성공한다. 또 교황청에는 교황의 보좌역으로 주교 등에서 추기경이 임명되었는데 그들에게는 '콘클라베(가톨릭 교회에서 교황을 선출하는 추기경단의 선거회)'에서 새로운 교황을 선출하는 중요한 역할도 있었다.

12세기부터는 추기경 중에 캐머랭고(camerlengo)라고 하는 교황의 비서실장이 임명되어 교황이 죽거나 퇴위하고 다음 교황이 선출될 때까지 교황대리를 맡았다. 또 대주교나 유력 주교는 국왕에게 토지의 봉납을 받아 영지를 경영하는 봉건영주가 되었다.

[중세의 주요 대주교좌 도시]

★대주교가 관할하는 대주교구의 수도 역할을 하는 도시를 대주교좌 도시라고 한다. 대주교가 집무하는 곳은 카테드랄(cathedral, 주교좌성당)에 있다.

★산 조반니 인 라테라노 대성당 (로마 : 이탈리아)에 있는 주교좌 (cathedra).

[가톨릭교회의 위계제도]

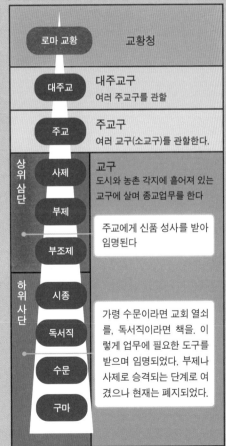

로마 교황	교황청
대주교	대주교구 여러 주교구를 관할
주교	주교구 여러 교구(소교구)를 관할한다.
상위 삼단 사제	교구 도시와 농촌 각지에 흩어져 있는 교구에 살며 종교업무를 한다
부제	주교에게 신품 성사를 받아 임명된다
부조제	
하위 사단 시종	가령 수문이라면 교회 열쇠를, 독서직이라면 책을. 이렇게 업무에 필요한 도구를 받으며 임명되었다. 부제나 사제로 승격되는 단계로 여겼으나 현재는 폐지되었다.
독서직	
수문	
구마	

교회의 시설

동쪽을 향해 지어진 성당(예배당)

중세 초기 교회의 시설은 지방영주의 사설 교회도 있어 일정하지는 않았지만 시대가 지남에 따라 차츰 통일된다. 필요한 시설로는 성당(예배당)과 사제가 지내는 사제관, 채소밭, 묘지가 있고, 성당 내부에는 성직자만 들어갈 수 있는 내진과 신도가 모이는 신랑과 측랑으로 나뉘어 있었다.

내진 근처에는 제기를 보관하고 사제 등이 대기실로 쓰는 제의실이 있고 입구 근처에는 신도가 죄를 고백하는 고해실도 있다. 내진에는 제단과 설교대가 있고 그 배후에는 십자가와 그리스도상, 성모상, 성인상 등이 꾸며져 있다. 향로와 성유기, 세례용 받침대 등도 성당에는 빼놓을 수 없는 요소다.

★ 랭스(프랑스)의 노트르담 대성당. 끝이 뾰족한 아치구조가 특징인 고딕 양식의 대표 건축물.

✿ 시대에 따라 다른 교회 양식

주교좌 도시에 세워진 대규모 성당의 건축 양식은 시대에 따라 달라졌는데, 중세 초기에는 고대 그리스 로마의 문화를 계승한 비잔틴 양식이 주류였다. 중앙에 돔을 세우고 내벽은 모자이크화로 장식되어 있는 것이 특징이며 평면도가 원형이거나 정다각형이 되는 집중식 구조였다.

이어서 11~12세기 무렵에 퍼진 로마네스크 양식은 고대 로마풍의 반원 아치구조가 상당수 도입되었고 이를 지탱하기 위해 벽은 두껍고 기둥은 굵직했으며 창은 작았다. 장식도 별로 없어서 전체적으로 중후함이 느껴지는 구조가 특징이다. 익랑(소매복도)을 넣음으로써 평면도가 라틴 십자형으로 되는 바실리카식 구조도 많아진다. 또 지형적 제약이 없으면 동쪽에 내진을 두었는데, 이는 당당히 부활한 그리스도를 알아보기 위해서라고 한다.

이어서 12~15세기경까지의 주류는 고딕양식이었다. 끝이 뾰족한 아치구조가 유행하면서 천정이나 지붕의 중량을 효율적으로 지탱할 수 있게 되었고 이에 따라 천정이 높아졌다. 그 외에도 첨탑이 세워지며 천국에 대한 동경을 상징하는 수직방향 라인이 특징이 되었다. 또 창이 커지고 스테인드글라스가 많이 쓰였으며 외벽에는 장엄한 조각이 장식되었다.

바실리카식

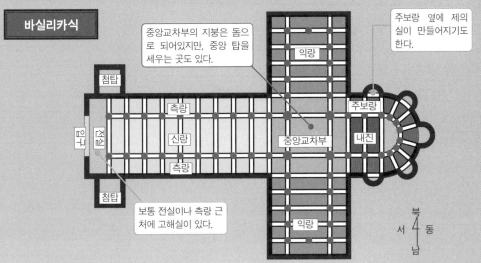

중앙교차부의 지붕은 돔으로 되어있지만, 중앙 탑을 세우는 곳도 있다.

주보랑 옆에 제의실이 만들어지기도 한다.

첨탑 / 전실 / 측랑 / 신랑 / 측랑 / 중앙교차부 / 익랑 / 주보랑 / 내진 / 첨탑

보통 전실이나 측랑 근처에 고해실이 있다.

북 / 서 / 동 / 남

✿ 피사의 사탑으로 유명한 피사대성당은 로마네스크 양식 건축을 대표하는 건물이다.

✿ 북이탈리아 라벤나에 있는 산비탈레 성당은 비잔틴 양식 건축을 대표하는 성당 중 하나이다. 안쪽에는 모자이크화나 프레스코화 같은 벽화로 장식하는 것이 비잔틴 양식의 특징이다.

중세 유럽의 세계유산 ① 대성당

1세기 이상의 건축기간이 걸린 대성당

◆◆◆

　　고딕 양식 건축물이 유행하기 시작한 12~13세기는 상업의 발전과 함께 도시가 확장되던 시기와 겹친다. 그래서 도시주민들은 도시의 랜드마크로서, 또 자신들의 긍지로서 성당 건설에 앞 다투어 돈을 기부했다. 대주교좌가 있던 도시에는 1세기 이상의 기간에 걸쳐 완성된 대성당(카테드랄)도 많은데 현존하는 성당은 대부분 세계유산으로 등록되었다.

★환하게 조명이 켜진 쾰른 대성당

세계유산이 된 주요 대성당

현재 건물은 1070년에 건설이 시작되었고 1130년에 헌당식이 열리며 일단의 완성을 보았지만, 그 후에도 증개축이 계속되어 1503년에야 높이 72m의 대탑이 완성되었다. 현재는 영국 국교회의 총본산이다.

캔터베리 대성당

9세기에 초대 대성당이 세워진 이래, 여러 번 화재를 당하여 현존하는 건물은 1194년 화재가 일어나고 겨우 26년이 지난 1220년에 완성되었다. 1194년 화재로 타고 남은 입구 부분은 초기 고딕 건축양식을 그대로 간직하고 있다.

노트르담 대성당 (투르네)

성마리아 대성당(힐데스하임)

노트르담 대성당 (앤트워프)

쾰른 대성당

트리에 대성당

샤르트르 대성당

베른 대성당

1248년에 건설이 시작되고 종교개혁에 따르는 자금난에 중단된 적도 있었지만 약 632년의 세월이 걸쳐 1880년에 완성되었다. 첨탑의 높이는 157m에 달한다.

로마교황좌가 있는 가톨릭의 총본산. 예수 그리스도의 첫 번째 제자였던 성 베드로가 묻힌 곳에 세워졌다고 한다. 현재의 건물은 라파엘로와 미켈란젤로가 설계한 것을 바탕으로 17세기에 세워진 건물이다.

부르고스 대성당

산타마리아 델 피오레 대성당(피렌체)

살라망카 대성당

쿠엥카 대성당

성 베드로 성당(바티칸 시국)

1296년에 건설이 시작되어 1436년에 헌당식을 열고 완성되었다. 단, 돔 꼭대기에 '큐폴라'라는 구조물이 달려 있는 현재의 모습은 1461년에 완성되었는데 맨 꼭대기를 장식한 브론즈로 만든 구제(球)는 레오나르도 다빈치의 스승인 베로키오가 제작한 것이다.

★ 캔터베리 대성당
(Canterbury 大聖堂)

성직자의 생활

시대가 지나면서 진행된 성직자의 세속화

◆◆◆

중세 유럽은 '일하는 사람(농민)', '싸우는 사람(기사)', '기도하는 사람(성직자)'으로 신분이 나뉘어졌다. 성직자는 그야말로 신을 섬기며 기도하는 역할로 속세를 버리고 종교에 귀의한 사람을 가리킨다. 교회 조직이 커지고 위계제도(134쪽)가 생기자 성직자들은 위계에 따른 직무를 처리하면서 더 높은 자리에 오르기 위해 계율을 지키는 수행생활을 계속했다. 각 지구에서 직무의 중심은 신도에게 베푸는 7가지 성사(97쪽)인데, 그 중에서도 매주 일요일 아침에 하는 성체(미사)가 가장 중요했다. 최후의 만찬에서 그리스도가 빵을 나의 살이요, 포도주를 나의 피라고 말한 것에 비유하여 빵과 포도주를 성별하는 기도를 드리며 그리스도의 죽음과 부활을 기념하는 의식이지만, 여기에 성서 낭독이나 사제의 설교 등이 더해지며 차츰 신과 마주하고 매일의 생활을 돌아보는 기도의식이 되었다.

✿ 15세기 중반에 그려진 부제에게 신품 성사를 하는 주교의 벽화. 부제와 사제, 주교의 제복을 보면 마니풀루스라는 수대와 스톨라라는 띠를 목에 걸쳤다. 부제는 스톨라를 비스듬히 걸쳤고 사제나 주교는 목에 걸치고 앞으로 늘어트렸다.

✬ 금욕 생활이 기본

그 외의 일상생활에서 성직자는 하루의 정해진 시간에 기도를 하고 기본적으로는 하루에 두 번(사순절에서 부활절까지의 단식기간에는 저녁에 한번만) 식사를 하고 농민과 마찬가지로 자신의 자신의 밭을 경작했다. 식사는 빵에 채소와 과일 반찬 2가지로, 음료는 포도주나 맥주, 벌꿀주를 마셨다. 단백질원으로는 콩류와 계란, 유제품, 생선 등은 허용됐지만 육식은 금지되었다.

그렇지만 실제로는 이런 계율이 엄격하게 지켜지는 일은 드물었고 토지를 봉납 받아 세속 영주와 같은 입장이 되자 성직자도 점차 타락했다. 11세기경에는 부유한 귀족과 마찬가지로 육류가 잔뜩 들어간 호화로운 식사를 하고 아내를 두거나 성직자의 지위를 사고파는 자도 등장한다. 이러한 사태에 대응하려고 로마교황 그레고리오 7세(28쪽)는 그레고리오 개혁이라고 하는 교회의 쇄신에 힘써 일정 성과를 거두었으나 결국 교회의 세속화는 막지 못했다.

✬ 15세기에 그려진 시도서의 삽화. 사제가 성체(미사)에서 빵으로 성별(聖別, 신성한 일에 쓰기 위하여 보통의 것과 구별하는 일.) 기도를 드리고 부제가 곁에서 시중드는 모습.

✬ 성직자의 의복

성직자에게는 위계제도에 맞는 옷차림이 있었다. 로마교황을 정점으로 위계가 높아질수록 옷차림이 장엄해졌다.

✬ 15세기 세밀화에 그려진 사제. 정수리를 민 것이 종교에 귀의했다는 증거였다. 장백의(알바, Alba)라고 하는 긴 튜닉 위에 제의(카술라, Casula)라는 망토를 걸친다.

✬ 〈각 나라의 의복(Costumes of All Nations)〉(1882)에 그려진 1200년경 주교의 제복. 머리에는 마름모꼴의 주교관(미트라)을 쓰고 장백의 위에 달마티카라는 관두의를 입었으며 그 위에 제의를 걸쳤다. 손에 든 주교봉은 십자가 모양도 있지만 양치기가 들고 다니는 지팡이와 흡사하게 태엽모양으로 생긴 것도 많다. 기독교세계에서는 양은 신자의 상징이고 양치기는 통솔자의 상징이다.

수도원의 시설

회랑 중심의 수도원 배치

　기독교의 성직자 중, 주교와 사제 등 교회에서 신도에게 종교 업무를 하는 자를 재속 성직자라고 한다. 이에 비해 속세간의 일체의 교류를 끊고 엄격한 고행과 금욕생활로 영혼의 구제를 바라는 자를 수도성직자, 수도사라고 한다. 수도사(monk)가 '혼자 사는 사람'을 의미하는 라틴어 '모나쿠스, monachus'에서 유래한 것에서도 알 수 있듯이 최초의 수도사는 외딴 곳에서 살며 홀로 구도생활을 했는데 머지않아 공동생활을 하는 수도사 공동체도 탄생한다. 그 수도사가 공동으로 생활하는 장소가 수도원이다.

　최초의 본격적인 수도원은 529년에 베네딕투스가 이탈리아 중부에 지은 몬테카시노 수도원인데 당시에 건물이 어떻게 배치되었고 시설이 어땠는지는 알려지지 않았다.

★현재의 장크트갈렌 수도원.

⭐ 회랑화된 생활

그 후 820년경에는 스위스의 성 갈로 수도원에서 수도원 건축의 기본이 되는 지침서가 제작되었다. 지침서에 따르면 수도원 전체의 중심에 사각정원을 감싸듯 기둥이 줄지어 서있는 회랑(cloister)이 있다. 수도원생활을 '회랑화된 생활(cloistered life)'이라고 표현할 정도로 회랑은 성서를 읽고 사색을 하는 수도사들에게 중요한 장소여서 수도사가 아닌 사람들에게는 출입이 금지되었다. 예배당과 기숙사, 식당과 주방, 창고 등은 회랑과 접하듯이 배치되었고 그 바깥쪽에는 객실과 수도원 부속학교, 수도원장실, 채소밭, 농업시설 및 목축시설, 시약원 등이 있었다. 수도원에 따라서는 회랑에 접하는 장소에 담화실과 집회실, 사본실, 수도사를 보좌하는 조수사의 방을 마련하는 곳이나 예배당과 접하는 면을 제외한 삼면이 기숙사인 곳도 있었다.

참고로 수도사의 침실이기도 한 기숙사(cell)는 좁다란 방이 칸칸이 나뉘어 있는데 17세기에 현미경으로 코르크를 관찰하여 세포를 발견한 영국의 로버트 훅(Robert Hooke, 1635~1703)는 이 기숙사를 연상하여 세포에 'cell'이란 이름을 붙였다.

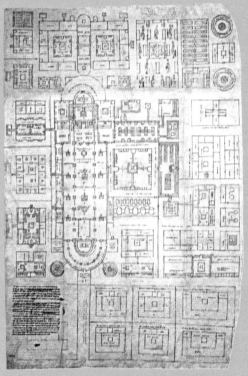

⭐ 장크트갈렌 수도원에 소장된 수도원 건축 지침서에 나오는 평면도. 820년경에 제작된 것으로 보인다. 장크트갈렌 수도원의 평면도가 아니라 이상적인 수도원의 설계도를 그려놓은 것이다.

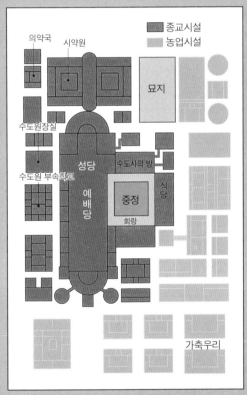

⭐ 평면도는 주로 종교시설과 거기에 사는 수도사들이 자급자족할 수 있게 마련해놓은 농경지로 나뉜다. 수도원은 속세와 동떨어진 생활이 바람직하다는 것으로, 농경지가 차지하는 면적이 큰 것을 이상으로 여겼다.

중세 유럽의 세계유산 ② 수도원

유럽 각지에 남아 있는 기도와 노동의 장소

◆◆◆

베네딕토가 설립한 베네딕토회와 10세기에 설립된 클뤼니 수도원은 조각과 장식이 가득 한 화려한 수도원으로 프랑스의 고딕 건축에 영향을 미쳤다. 한편 11세기 프랑스에 설립된 시토회는 더 검소한 생활환경을 이상으로 하여 클뤼니와는 반대로 장식을 최소한으로 줄인 시토회만의 건축 양식을 확립 했다. 이 건축 양식도 유럽 각지에 퍼져서 현존하는 수도원의 대부분이 세계유산으로 등록되어 있다.

★ 몽생미셸은 966년에 세워진 베네딕토회의 수도원이다. 화염에 무너진 것을 재건, 증축을 되풀이하다 13세기에 현재의 모습이 되었다. 14세기, 영국과 프랑스의 백년전쟁에서는 요새로 쓰였고, 프랑스 혁명 후에는 감옥으로 사용되었다.

세계유산이 된 주요 수도원

베긴회는 여성의 자립을 지원하기 위해 12세기에 설립된 공동체로 정확히는 수도회가 아니라 반수도회적 공동체였다. 베긴회에 속한 여성들은 공동생활을 하면서도 낮에는 마을에 밭일을 하러 갈 수도 있었다. 중세시대 벨기에에는 수많은 베긴회 수도원이 세워졌는데 현재는 그 중에서 모두 13곳이 세계유산에 등록되었다.

764년에 프랑크 왕국의 귀족이 사설수도원으로 건립. 765년에 교황 바오로 1세부터 순교자 성 나자리오의 성유물을 맡긴 것을 계기로 베네딕토회 수도원으로 증축되었고 774년 헌당식(獻堂式)에서는 카를 대제(12쪽)도 참석했다고 한다. 현재는 9세기에 세워진 누각의 문 '왕의 문'만 겨우 남아있을 뿐이지만 로마네스크양식 이전의 수도원 건축양식을 알려주는 귀중한 건축물이다.

프랑스 신학자 클레르보 베르나르가 1118년에 설립한 시토회에서 가장 오래된 수도원. 기도와 일이라는 검소한 생활환경을 중시했던 시토회 건축의 대표적인 건물로 내외장 모두 호화로운 장식이 없으며 탑도 세우지 않았다.

키이우 페체르스크 대수도원

브뤼헤의 베긴회 수도원

로르슈대 수도원

몽생미셸 수도원

퐁트네의 시토회 수도원

산타 마리아 델레 그라치에 수도원

15세기 말에 밀라노공 루도비코 스포르차가 산타 마리아 델레 그라치에 수도원의 개축을 명하면서 레오나르도 다 빈치에게 식당벽화로 〈최후의 만찬〉을 그리게 한 것으로 유명하다.

밀라노

산 후안 드 로스 레예스 수도원(톨레도)

산타 마리아 데 과달루페 왕립수도원

14~16세기에 걸쳐, 기암절벽 꼭대기에 24개의 그리스정교수도원이 건설되었다. 이 중 대 메테오라 수도원(메타몰포시스 수도원) 등 여섯 곳은 지금도 수도원으로 활동하고 있다. 이곳에 수도사가 모이게 된 것은 9세기경으로 당시에는 바위틈이나 동굴에 살며 홀로 구도생활을 했다.

메테오라 수도원

카란릭 킬리세 (Karanlık Kilise, 카파도키아)

✯ 메테오라의 대 메테오라 수도원. 14세기 중반에 건설된 것으로 보인다. 16세기에 가장 번성하여 300명이 넘는 수도사가 생활했다고 한다.

✯ 퐁트네의 시토회 수도원. 화려한 장식이 없는 소박한 외관.

수도사의 생활

서구 수도 생활의 기본이 된 베네딕토 규칙서

중세 수도사 생활의 기본은 누르시아의 베네딕토(480?~547)의 '기도하고 일하라'라는 말로 집약된다. 529년경, 이탈리아 중부에 몬테 카시노 수도원을 세운 베네딕토는 '베네딕토 규칙서'라는 수도생활의 계율을 정했다. 노동으로 수도원의 경제적 자립에 힘쓰고 하느님에게 기도를 드리고, 청빈·정결·복종과 같은 덕목을 중시하라는 회칙을 따르는 수도사들을 베네딕토파 수도회(베네딕토회)라고 한다. 이들은 교황 그레고리오 1세의 요청으로 게르만 사회를 포교하는데 동원된 적이 있는데 이후 베네딕도 규칙서는 서구사회에서 수도사의 생활의 기본이 되었다. 베네딕토 규칙서의 이념은 시과라고 해서 하루에 여덟 번 기도하고(100쪽) 남은 시간에는 일하고 육식을 먹지 않는 등 규정된 식사를 하는 것(141쪽)으로 구현되었다.

✵ 청빈회귀 운동에서 해외 포교활동으로

그 외에도, 천국에 가기 위한 공덕이었던 약자에 대한 구제활동도 수도사의 역할의 일환이 되어 시료원이라 불리는 수도원 시설에서는 병자와 빈자, 노인, 과부, 나아가서는 순례자나 격리대상자였던 한센병 환자까지 돌봐주었다. 하지만 세월이 흘러 토지봉납을 받은 수도원이 점차 스스로 봉건영주가 되어 차츰 청빈과는 거리가 먼 타락에 빠진다.

단, 그러한 타락이 일어날 때마다 정기적으로 원래대로 돌아가자는 개혁운동이 일어났다. 가령 11세기에 설립된 시토회는 계율을 철저히 준수하기 위해 수련할 곳으로 숲을 찾았고 결과적으로 베네딕토 이래 금욕적 생활을 하던 수도사들에게 숲의 개척이라는 일상이 더해지며 대개척시대의 첨병이 되었다. 13세기에 탄생한 탁발수도회(149쪽)는 수도원을 떠나 길거리에서 일상적으로 먹을 것을 구걸(탁발)하고 설교를 했다. 나아가 16세기에 설립된 예수회는 해외 포교를 하기 위해 여행과 선교활동을 하다 결국에는 로마에서 유라시아 대륙의 동쪽 끝에 있는 섬나라까지 가게 된다.

✵ 개척과 기도가 일상이었던 시토회 수도사들. 시토회는 수력(물레방아)을 적극적으로 활용하여 농사의 효율화를 촉진하고 농산물, 축산물을 판매하기 위한 시스템을 조직화했다.

✵ 수도사의 의복

수도사는 튜닉에 후드가 달린 수도복을 입는 것이 일반적이었다. 이 전통은 지금도 이어져 내려오고 있다.

✵ 베네딕토회에서는 검은 수도복을 입어 '검은 수도사'라고 불렀다.

← ✵ 거리에서 설교를 하는 시에나의 베르나르디노. 베르나르디노는 15세기의 프란시스코회 수도사로 길거리 설교가 특기였다.

✵ 15세기 사본의 삽화. 머리부터 쓰고 몸 앞뒤로 늘어뜨려 내려오는 스카폴라리오를 입었다. 당초에는 앞치마로 입었으나 차츰 수도복의 일부가 되었다.

수도회의 종류

개혁을 반복하여 태어난 다양한 수도회

◆◆◆

수도회는 교회와 수도회 자체의 부패에 대한 개혁운동으로서 새로운 활동 형태를 낳았고 그 수도회가 부패하면 또 다시 개혁운동을 하는 행태를 되풀이했다.

6세기에 설립된 베네딕토회도, 원시 기독교의 전통에서 벗어나 부패한 교회에 대항하는 개혁운동을 하다 태어났다. 10세기 프랑스 중동부에 설립된 베네딕토회의 클뤼니 수도원은 세속 영주처럼 생활하는 교회와 수도원에 맞서 싸우는 개혁운동의 중심이 되었고 11세기에는 그레고리오 개혁을 주도한 교황 그레고리오 7세(28쪽)를 배출했다. 그레고리오 개혁 후 십자군전쟁(158쪽)으로 종교열이 고양되자 교회는 세속권력을 능가하는 권위를 자랑했으나 부패와 타락도 동시에 진행됐다.

✫ 청빈회귀 운동에서 해외포교 활동으로

1098년에 설립된 시토회는 베네딕토 규칙서로 돌아가자며, 인적 없는 숲이나 황야에서 엄격한 금욕생활을 했다. 베네딕토회가 생긴 이래, 이렇게 수도원이라는 금단구역에서 '기도하고 일하라'를 행하는 수도회를 '관상수도회'라고 부른다.

머지않아 시토회도 봉납받은 숲을 활발히 개간하여 부를 쌓게 되자, 13세기에는 청빈과 탁발, 민중에 대한 포교를 중시하는 '탁발수도회'가 등장했다. 그 중심에 이탈리아의 프란시스코회와 남프랑스의 도미니코회가

있었는데, 길거리 포교활동이 중심이 되자 공동생활의 장이었던 수도원은 자연히 쇠퇴한다. 이러한 탁발수도회는 제2수도회로서 여자 수도회를 조직했다.

그 후, 근세에 들어서면 포교와 교육, 사회봉사 등 일정한 목적을 갖고 활동하는 수도회가 등장하는데 이를 '활동수도회'라고 한다. 그중에는 병자간호를 목적으로 하는 '간호수도회'와 구별하기도 한다. 또 성 요한 기사단과 템플 기사단, 독일 기사단 등 십자군전쟁의 일환으로 등장했던 기사 계급이 중심이 된 '기사수도회'도 있었다.

관상수도회
수도원이라는 금단구역 안에서 기도와 노동을 기본으로 공동생활을 한다.

베네딕토회(529년경 창설)
창설자 : 성 베네딕토
창설지 : 몬테 카시노(이탈리아)

클뤼니 수도원(909년 창건)
창설자 : 아키텐 공작 기욤 1세
창건지 : 부르고뉴 지방 클뤼니(프랑스)

시토회(1098년 창설)
창설자 : 몰렘 수도원 원장 로베르투스
창설지 : 부르고뉴 지방의 시토(프랑스)

카르투시오회(1081년 창설)
창설자: 쾰른의 부르노
창설지: 생 피에르 드 샤르트뢰즈(프랑스)

탁발수도회
길거리에서 탁발과 포교활동을 중시. 13세기에 확산되기 시작한 이단 박해에도 추진했다.

도미니코회(1206년 창설)
창설자 : 성 도미니코
창설지 : 툴루즈(프랑스)

프란시스코회(1209년경 창설)
창설자: 아시시의 프란체스코
창설지 : 아시시(이탈리아)

성아우구스티노 수도회(1244년 설립)
창설자: 인노첸시오 4세
창설지: 이탈리아 북중부

카르멜회(12세기 말경 창설)
창설자: 알려지지 않음
창설지: 카르멜산(현재의 이스라엘 북부)

활동수도회
포교와 교육 등 일정한 목적을 갖고 설립된 수도회.

예수회(1534년 창설)
창설자 : 이그나티우스 데 로욜라, 프란시스코 사비에르 외
창설지 : 몽마르트(프랑스)
목적 : 비기독교 지역에 포교

살레시오회(1859년 창설)
창설자: 요한 보스코
창설지: 토리노(이탈리아)
목적: 청소년에게 기독교 교육

신언회(1875년 창설)
창설자: 아놀드 얀센
창설지: 슈타일(네덜란드)
목적: 비기독교 지역에 포교

라살회(그리스도교 학교 형제회라고도 한다)
(1684년 창설)
창설자: 장 바티스트 드 라살
창설지: 파리
목적: 청소년 교육

간호수도회
병자의 간호와 자선활동 목적의 활동 수도회.

가밀로회(1582년 창설)
창설자: 가밀로 드 렐리스
창설지: 로마
신의 성요한 병원수도회(1572년 창설)
창설자: 신의 요한네스
창설지: 그라나다(스페인)

기사수도회
십자군 원정의 주력이 된 기사계급이 창설한 수도회.

성 요한 기사단(1113년 공인)
창설자 : 프로방스의 제라르
창설지 : 예루살렘
로도스 기사단, 몰타 기사단이라고 이름을 바꾸고 현재는 로마를 본부로 하여 '성 요한의 예루살렘과 로도스와 몰타의 주권 병원기사 수도회'라는 이름으로 의료 등의 자선활동을 하고 있다. 과거와 같은 영토는 없지만 주권 국가로서 100개의 유엔 가맹국과 국교를 맺고 있다.

템플 기사단(1118년 공인)
창설자: 위그 드 파앵
창설지: 예루살렘
성지순례자를 보호하려는 목적으로 설립. 금융업무를 담당하며 세력을 자랑했으나 1307년에 프랑스왕 필립 4세의 공격을 받고 와해되었다. (36쪽)

독일기사단(1198년 공인)
창설자: 교황 첼레스티노 2세
창설지: 예루살렘
독일 순례자를 위해 세운 병원이 기원으로 그 후 기사수도회로 바뀌었다. 십자군 말기에 성지에서 독일로 돌아온 이들은 13세기에 동방 식민활동에 뛰어들어 광대한 영토를 얻었다. 독일기사단령은 그 후 프로이센 공국이 되었다. 기사단 자체는 15세기에 쇠퇴해 현재는 독일이나 오스트리아에서 의료와 자선활동을 하는 단체가 되었다.

←✫수도회의 조상 베네딕토(성 베네딕토). 산타 마리아 글로리오사 데이 프라리 대성당(베네치아)에 있는 조반니 벨리니(1430~1516)의 세폭제단화(일부).

중세의 성인들

13세기에 일어난 성인 신앙 유행

◆◆◆

　　종교계에서는 이상적인 신앙심을 보여준 사람을 성인으로 인정하고 신자의 모범으로 삼았다. 가톨릭교회에서도 뛰어난 신앙심을 가진 사람이나 순교자를 성인으로 승인하는 '시성'을 해왔다.

　　현재는 '존자', '복자' 단계를 거쳐 성인의 반열에 오르게 되며, 그 찬반 조사는 로마교황청 기관인 시성성이 한다. 존자의 조사대상이 된 시점에서 '신의 종'으로 불리고, '그 사람의 생애가 영웅적, 복음적이었는지', '그 사람에게 기도를 해서 중병이 나았다는 기적이 일어났는지'를 기준으로 존자와 복자, 성인으로 승인할 것인지를 결정한다. 개인이 아니라 집단으로 성인에 오르기도 했다.

★가난한 집에 금화를 던지는 성 니콜라스를 그린 15세기 전반의 회화. 4세기 소아시아의 주교(사교)였던 니콜라스가 산타클로스의 모델이라고 한다. 일설에는 굴뚝으로 던진 금화가 난로에서 말리던 양말 안에 들어가면서 산타클로스의 선물을 양말 안에 넣는 풍습이 생겼다고 한다.

⭐ 직업과 연결되었던 수호성인

성인이 된 사람의 기일 등 관련된 날은 기념일이나 축제일이 되는데, 중세 초기에 1년 365일이 성인의 기념일이라는 사태가 벌어지자 하루에 여러 명의 성인을 기리게 되었다. 또 신앙의 모범을 보여주기 위해 주요 성인의 생애를 전하는 성인의 전기도 나왔는데, 특히 13세기의 도미니코교회 야코부스 드 보라지네가 편찬한《황금전설》은 성인 신앙 붐을 일으켰고, 각지의 교회에서는 순례자(152쪽)를 늘리기 위해 성인이 남긴 성유물을 가져가려고 쟁탈전을 벌이거나 성유물을 위조하는 일까지 벌어졌다고 한다.

성인을 기념하는 지명이 전 세계에 존재하는데, 샌프란시스코(성 프란시스코)와 상파울루(성 바오로), 상트페테르부르크(성 베드로) 등 이러한 지명은 성인을 수호하고 신과 같은 존재로 하는 수호성인(패트론 세인트)의 신앙과 결합되어 탄생한 것이다. 예를 들면 목수였던 성모 마리아의 남편 나자렛의 요셉(성 요셉)이 목수의 수호성인이 되는 등, 수호성인을 믿는 신앙은 직업과도 연결되어 중세유럽에서는 동직 길드(120쪽)마다 수호성인 축일을 성대하게 열고 동료의식을 강화했다.

⭐ 18세기 초 프랑스 출신 화가 발렌틴 메칭거(Valentin Metzinger)가 그린 성 발렌타인(발렌티누스). 로마 황제의 뜻을 어기고 연인들의 결혼 성사를 집전하다 처형되어 연인들의 수호성인이 되었고 순교일인 2월 14일은 축일이 되었다. 하지만 현재는 실존하는 인물인지 확인되지 않아서 2월 14일 수호성인에서 제외되었다. '발렌타인 데이'의 유래가 되었다.

[주요 수호성인]

성인	수호대상	기념일
토마스 아퀴나스	학교, 학자, 학생	1월 28일
성 발렌타인	연애, 청년, 행복한 결혼	2월 14일
성 요셉(나자렛 요셉)	여행자, 아버지, 목수	3월 19일
성 게오르기우스(조지)	잉글랜드, 조지아	4월 23일
성 마르코(복음사가)	변호사	4월 25일
성 카타리나(시에나의 카타리나)	소방관, 임산부, 병사	4월 29일
성 야고보(알패오의 아들)	약사	5월 3일
잔다르크	프랑스 군대	5월 30일
성 베드로	어부, 배목수, 선주	6월 29일
성 바오로	선교사, 신학자	6월 29일
성 토마스	건축가	7월 3일
성 베네딕토	학생	7월 11일
성 막달라 마리아	조향사, 미용사, 개종자, 여성	7월 22일
성 야고보(제베대오의 아들)	수의사, 모피직인, 스페인, 시애틀	7월 25일
성 도미니코	천문학자, 원죄자, 도미니카공화국	8월 8일
성 클레어 (아시시의 클라라)	세탁부	8월 11일
성 바르톨로메오	피혁직인, 소금상인	8월 24일
성 모니카	기혼여성, 산타모니카(미국)	8월 27일
성 아우구스티누스	양조가	8월 28일
성 마태(복음사가)	회계사, 은행가	9월 21일
성 프란시스코(아시시의 프란체스코)	상인, 동물	10월 4일
성 루카(복음기자)	의사, 외과의사	10월 18일
성 시몬(열심자 시몬)	짐꾼, 목공장인	10월 28일
성 안드레아	어부, 가수, 스코틀랜드, 러시아	11월 30일
프란시스코 사비에르	일본, 중국, 고아(인도)	12월 3일
성 니콜라스	어린이, 전당포, 암스테르담	12월 6일
성 요한(복음사가)	신학자, 작가, 우정	12월 27일

성지와 순례

십자군 원정을 계기로 높아진 순례 열기

◆◆◆

　기독교에서는 초기부터 사도들이 순교지를 도는 여행을 했는데, 그 중에서도 예수그리스도가 처형된 예루살렘, 사도 베드로의 순교지 로마, 사도 야고보(제베대오의 아들)의 묘지가 발견되었다고 전해지는 산티아고 데 콤포스텔라는 3대 성지로 꼽는다.

　11세기 말 이후, 십자군이 일시적으로 이슬람 세력으로부터 예루살렘을 탈환하자 서유럽에서는 순례열기가 높아지며 많은 신도가 예루살렘을 비롯한 3대 성지를 찾았다. 여행 비용은 1년치 연수입에 달했다고도 하는데, 도보 순례자는 교회와 수도원에 무료로 머물 수 있었다. 도중에 도적 등에게 습격당할 위험이 있었기 때문에 순례에 나서는 자는 빚을 갚고 모든 분쟁을 해결하고 유서를 쓴 뒤, 마지막으로 사제에게 여행을 무사히 마치고 돌아오게 해달라고 기도하고 나서야 출발했다.

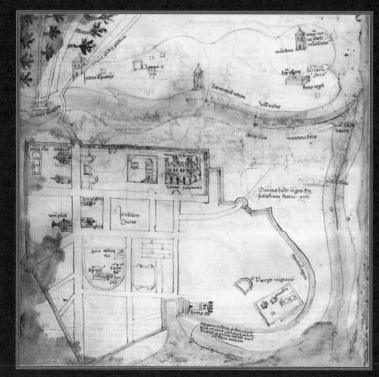

★ 예루살렘의 1321년 지도. 이 지도에는 다윗의 탑, 골고다의 언덕(칼바리), 성묘교회 등이 나와 있고 급수 포인트도 표시되어 있다. 순례자들은 이런 지도를 보며 순례했다.

★ 유행한 것으로 보이는 성지 순례의 증거

순례자는 성지를 왔다는 증거로 예루살렘에서는 종려나무 가지를, 로마에서는 두 개가 교차된 열쇠를, 산티아고 데 콤포스텔라에서는 가리비의 조개껍데기를 가지고 돌아왔다. 머지않아 챙이 넓은 모자와 가방에 가리비의 조개껍데기를 다는 것이 순례자임을 보여주는 상징이 되었다. 또 13세기에 성인전 《황금전설》(151쪽)이 간행되며 성인 신앙의 붐이 일면서 성인에 관한 성유물이 안치된 교회와 수도원이 순례지에 더해지며 순례 열기는 더욱 높아졌다.

★ 14세기경에 그려진 프랑스 남부 빌뇌브 레 자비뇽의 교회 벽화. 챙이 넓은 모자와 순례 지팡이, 가리비 조개껍데기가 달린 가방을 어깨에 메는 것이 순례자의 일반적인 복장이었다.

주요 성지

9세기에 12사도의 하나인 성 야고보(제베대오의 아들)의 묘지가 발견되었고 그곳에 세워진 교회가 3대 성지의 하나가 되었다. 이후에 11세기 말부터 13세기 초에 걸쳐 현재의 대성당이 건립된다. 프랑스 국경에서 거기까지 가는 길이 '산티아고 데 콤포스텔라의 순례길'로 세계유산에 등록되어 있다.

주요 순례길 (1100~1500))

✚ 성지
━ 해로
━ 육로

326년에는 콘스탄티누스 1세의 어머니 헬레나가 순례를 와서 그리스도가 처형당한 곳과 매장된 곳을 발견했다고 한다. 그곳에 콘스탄티누스제가 성묘교회를 세웠다고 하는데, 지금 있는 건물은 십자군 시대에 재건·수리된 것이다.

12사도의 한 명인 성 베드로의 무덤 위에 세워진 성 베드로 대성당은 324년에 콘스탄티누스 1세가 건립한 성당이 기원이다. 현재의 건물은 16~17세기에 증개축된 것.

뤼벡
마그데부르크
월싱엄
캔터베리
아미앵
쾰른
파리
보름스
트리어
몽생미셸
클레르보
샤르트르
베즐레
투르
클뤼니
무아사크
토리노
밀라노
산티아고 데 콤포스텔라
툴루즈
아비뇽
아시시
콘스탄티노플
로마
바리
밀레토스
예루살렘

이단과 파문

군사력을 이용한 이단 탄압

313년 밀라노 칙령으로 로마 제국으로부터 공인받은 기독교는 개교한지 300여년이 지나 교리에서도 차이가 나기 시작했다. 밀라노 칙령을 발포한 콘스탄티누스 1세는 제국통치에 기독교를 이용하려는 생각을 품고 있었는데, 교리의 차이가 기독교의 분열, 나아가서는 제국의 분열을 초래할지도 모른다고 우려하여 325년에 니케아 공의회를 소집해 교리를 통일하려 했다. 이 회의에서는 아버지인 하느님과 아들인 그리스도, 성령은 일체라는 '삼위일체(트리니티)' 설을 주장하는 아타나시우스파를 정통으로 인정하고 그리스도는 아버지인 하느님에 버금가는 신이라고 믿는 아리우스파를 이단으로 보았다. 이후에 등장한 네스토리우스파도 5세기 중반에 이단 판정을 받았다. 이단배척 운동이 심해진 것은 교황권이 절정기를 맞이했던 교황 인노첸시오 3세 시대인 13세기 초부터다.

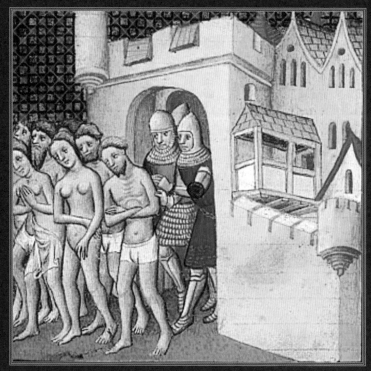

★남프랑스의 성채 도시 카르카손에서 알비 십자군에게 잡힌 카타리파의 모습을 그린 15세기 회화.

🌟 끊임없는 분열과 파문

12세기 후반에 남프랑스와 북이탈리아에서 활동한 발도파는 청빈과 탁발을 중시한다는 점에서는 프란시스코회와 도미니코회 같은 탁발수도회(149쪽)와 다르지 않았지만 라틴어판밖에 없었던 성서를 속어로의 번역을 요구한 것이 문제가 되어 1184년에 이단선고를 받았다. 교회 권위를 무시했다는 이유였다.

이후에도 발도파는 지하에서 활동하며 신도를 늘려갔는데 갖은 수단을 다 동원하여 이단을 단속하던 탁발수도회가 그들을 추적하는 첨병역할을 했다. 또한 똑같이 청빈을 주장하며 12세기에 융성했던 카타리파

🌟 파문의 효과

기독교에서 파문이란 교회라는 공동체에서 몰아내는 것을 의미한다. 기독교가 정신세계를 통일했던 중세 유럽에서 이는 사회에서 축출되는 것을 의미하여 카노사의 굴욕(29쪽)처럼 신성로마황제마저 굴복해야 했다. 하지만 십자군의 실패 등으로 교황의 권위에 그늘이 드리워지는 14세기가 되자 프랑스왕 필립 4세를 파문한 교황 보니파시오 8세가 역습을 당하고 유폐되는 아나니 사건이 일어나는 등 파문의 효과는 미미했다.

🌟 18세기경까지 일어난 마녀사냥(마녀재판)에서는 사회적으로 고립된 사람이 박해의 대상이 되었고 일설에는 10만 명이 넘는 희생자가 나왔다.

는 남프랑스의 알비 주변에 모여 있어 알비파로도 불린다. 카타리파는 안락식(Consolamentum)이라는 독자적인 성사를 행하는 등, 더 과격하게 교회의 권위를 부정하여 1209년에 인노첸시오 3세가 프랑스왕 필립 2세에게 군대를 보내달라고 요청. 이후 20년 동안 알비 십자군에게 공격을 받고 사라졌다.

이와 병행하여 교회는 교황 직속 이단심문관이 이단 심문을 시작하였다. 15세기에는 성서 중심주의를 설파한 위클리프와 후스, 잔다르크(22쪽)가 이단이라며 처형당했다.

[기독교의 이단연표]

325년	니케아 공의회에서 아리우스파가 이단이 되었다
431년	에페소스 공의회에서 네스토리우스파① 가 이단 판정을 받았다
451년	칼케돈 공의회에서 단성설② 이 이단 판정을 받았다
11세기 전반	남프랑스에서 카타리파가 세력을 확대
1170년경	프랑스 리옹의 피터 발도가 발도파를 설립
1179년	제3차 라테라노 공의회에서 카타리파 금지를 결정
1184년	발도파에 이단선고가 내려지다
1209년	알비 십자군 출범
1229년	카타리파가 괴멸
1232년	교황 그레고리오 9세의 칙서로 이단 심문 제도가 확립
1312년	템플기사단(36쪽)이 이단 선고를 받고 정식으로 해체
1414년	콘스탄츠 공의회에서 위클리프 및 후스의 설교를 이단으로 승인
1431년	잔다르크가 이단이라며 화형에 처해지다
1484년	교황 인노첸시오 8세가 마녀의 존재를 긍정하며 마녀사냥을 옹호

① 네스토리우스파 : 그리스도는 인성과 신성 양쪽을 갖고 있다고 주장하는 아타나시우스파와 달리 그리스도의 인성은 성육신과 신성이 융합해야만 신성이 될 수 있다는 설. 중국의 경교(景敎)는 네스토리우스파 기독교다.

② 단성설 : 그리스도는 인간의 모습을 했을 뿐, 그 본성은 신성이라고 하는 아타나시우스파와 대립한 설.

중세의 형벌

보이기 효과를 노린 잔학했던 형벌

    중세 초기 유럽에서는 형법과 형벌을 토대로 치안 유지를 책임지는 국가권력이 확립되지 않아 사투(페데, 私戰)를 통해 자력으로 구제하는 것이 일반적이었다. 하지만 씨족 간, 영주 간에 페데가 끊임없이 오가자 10세기 말에 남프랑스 교회에서 '신의 평화' 운동이 일어났다. 그리고 영주의 페데에 제동을 거는 동시에 무장하지 않은 사람을 다치게 하거나, 재물을 빼앗거나 하지 못하게 영주들에게 맹세를 시키고 이를 어기면 벌로서 파문을 선고했다. 신성로마제국에서는 이 이념을 계승하여 12세기 초부터 때때로 페데를 금지하는 '란트 평화령'을 발포했고 지역에 따라 차이는 있지만 점차 죄에 맞게 벌의 규정도 확립해갔다. 형벌은 대부분이 평화질서를 파괴한 것에 대한 응징이라서 본보기 효과가 중요했다.

★ 이단으로 몰려 화형 당하는 자크 드 몰레 템플기사단 총장과 단원을 그린 14세기 후반의 회화. 자크 드 몰레는 최후의 템플기사단 총장이다. 템플기사단의 재력을 노린 프랑스 왕 필립 4세에게 이단 선고를 받았다.

✸ 신체형과 생명형이 중심

본보기 효과를 높이기 위해 금고형 등의 자유형보다는 신체형이나 생명형이 주로 선고되었다. 생명형은 광장처럼 많은 사람들이 모여 있는 곳에서 열렸는데, 중절도죄나 강도는 교수형, 살인이나 유괴는 참수형, 이단자와 방화범은 화형, 국가에 대한 반역은 사지를 찢는 거열형으로 죄가 무거울수록 잔학한 형벌이 내려졌다. 신체형은 지은 죄를 반영한 형벌이 많아서 위증이나 신에 대한 모독죄의 경우에는 혀를 뽑았고 간통한 남자는 거세, 상해죄는 손과 발의 절단, 가벼운 절도죄

는 손가락 절단, 돈을 위조한 자는 얼굴에 낙인을 찍었다. 이 역시 어떤 죄를 지었는지 한눈에 알아볼 수 있어, 본보기 효과를 노렸다고 할 수 있다. 더 가벼운 형으로는 채찍과 족쇄나 칼을 씌우거나 삭발하고 벌금을 무는 벌도 있었다. 재판은 국왕과 영주가 임명한 참심원과 도시 참사회가 임명한 관리 등이 담당하는 재판소에서 열렸고 명령을 어기고 법정에 나오지 않는 자에게는 법외추방(outlaw)을 선고했다. 법의 보호를 받지 못한다는 뜻으로, 법외추방을 선고받은 자를 살해해도 죄가 되지 않았다.

[중세 유럽의 형사재판의 흐름]

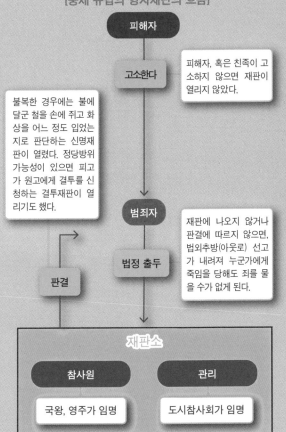

★ 프랑스왕 앙리 4세를 암살한 프랑수아 라바이약(François Ravaillac)가 거열형을 당하는 모습을 그린 17세기 회화. 거열형은 사지를 밧줄로 묶은 뒤 말에게 끌어당기게 하는 형벌.

★ 14세기 전반에 그려진 교황 그레고리오 9세의 서간집에 그려진 삽화. 성직자와 여성이 족쇄를 차고 귀족에게 혼나고 있다.

십자군 원정

서구 세계의 획기적 전환점이 된 십자군전쟁

◆◆◆

　　1095년, 이슬람세력 셀주크조의 압박을 받았던 비잔틴황제 알렉시우스 1세는 가톨릭교회에 원군을 요구했다. 요청을 받은 교황 우르바노 2세는 그 해 클레르몽 공의회를 열고 성지 회복을 내걸고 십자군(crusades) 원정을 주장한다. 교황의 격문은 각지에 있는 사제를 통해 민중에게 전해지며 서구세계 전체를 열광시켰고 각지의 귀족은 이듬해부터 원정에 나선다. 그 결과, 1099년에는 예루살렘탈환에 성공하여 예루살렘왕국을 건국했다.

　　실은 우르바노 2세는 십자군전쟁을 주도함으로써 신성로마황제와의 서임권 투쟁(135쪽)에서 우위에 서고 나아가서는 1054년에 분열(132쪽)된 동방교회와의 재통합을 이뤄내려고 했던 것이다.

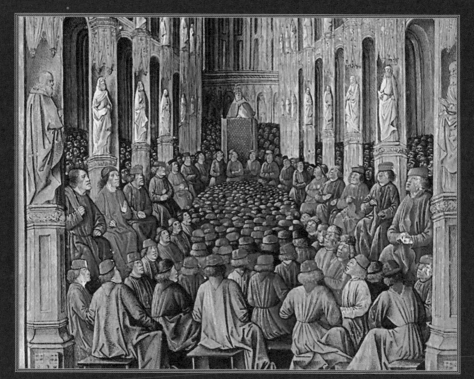

★ 15세기 프랑스 화가 장 콜롱브가 그린 클레르몽 공의회의 모습.

✸ 실추되어 가는 교황권

동방교회와 재통합하려는 목적은 실현되지 않았으나 서구 전체를 둘러싼 종교열기에 의해 교황권의 우위에는 어떤 흔들림도 없어서 1122년 보름스 협약을 맺으며 서임권 투쟁에서 승리한다. 이후에도 인노첸시오 3세의 시대(재위 1198~1216년)를 정점으로, 교황권은 최전성기를 맞이한다.

하지만 1187년에 이슬람의 영웅 살라흐 앗 딘(살라딘)이 예루살렘을 탈환하자 이후에 십자군은 열세에 몰리게 된다. 제4차 십자군은 베네치아 상인의 유도로 콘스탄티노플을 함락시키는 등 초기의 목적과 종교적 정열은 잃은 지 오래였고, 1291년에는 예루살렘 왕국

최후의 거점이었던 아크레가 함락되면서 약 200년에 걸친 십자군전쟁도 막을 내린다. 동시에 교황권은 실추되고 왕권이 힘을 얻었다.

십자군전쟁은 10~11세기 농업개혁으로 인구가 늘어난 서구세계의 팽창의 결과라고 볼 수 있으며, 이베리아 반도의 레콩키스타(국토회복운동)나 독일기사단(149쪽)의 동방식민 운동과도 연동하여 설명할 수 있다. 또한 십자군 원정은 이슬람세력과의 접점을 늘리고 북이탈리아의 도시들이 동방무역(110쪽)을 왕성하게 함으로써 서구세계의 상업·금융을 발전시키는 결과를 이끄는 등 서구세계의 획기적 전환점이 되었다.

룸 셀주크 조
킬리키아 아르메니아 왕국
에데사 백국
동로마제국
안티오키아 공국
동로마제국
대 셀주크 제국
트리폴리 백국
아크레 ●
예루살렘왕국
예루살렘 ●
□ 십자군국가
이슬람제국
파티마 조

★ 1135년경의 예루살렘 주변. 제1차 십자군이 점령했던 지역에는 예루살렘 왕국을 종주국으로 하는 십자군 국가가 건설되었다. 킬리키아 아르메니아 왕국은 동방교회계 기독교국가로 로마가톨릭계는 아니었으나 강대한 이슬람 세력의 지배를 받고 있어서 십자군에게는 협력적이었다.

[십자군 관련 연표]

1095년	클레르몽 공의회에서 우르바노 2세가 십자군 원정을 제창
1096년	제1차 십자군. 로렌공 고드프루아 드 부용이 출정①
1099년	예루살렘 탈환에 성공. 이듬해, 부이용의 동생 보두앵 1세를 왕으로 옹립하고 예루살렘 왕국 수립
1147년	제2차 십자군. 클레르보의 베르나르가 열심히 권유하였으나 다마스쿠스 공략에 실패
1187년	아유브조의 살라흐 앗 딘이 예루살렘을 탈환
1189년	제3차 십자군. 잉글랜드왕 리처드 1세(30쪽)가 참전했으나 예루살렘 재탈환에 실패
1202년	제4차 십자군. 제노바상인의 유도로 콘스탄티노플을 함락시키고 라틴제국을 수립
1212년	프랑스와 독일 소년들로 구성된 소년십자군이 결성되지만 마르세유 상인에게 노예로 팔려간다
1228년	제5차 십자군②. 신성로마황제 프리드리히 2세가 아유브조와 협상하여 예루살렘의 통치권을 획득
1248년	제6차 십자군. 프랑스왕 루이 9세가 출정하지만 아유브조에 패배
1270년	제7차 십자군. 루이 9세가 재출정에 나서지만 도중에 병사한다
1291년	예루살렘왕국 최후의 거점인 아크레가 함락. 십자군전쟁이 종결

① 이 제1차 십자군과 병행하여 아미앵의 수도사를 자처하던 은자 피에르의 주도로 민중십자군이 결성되어 예루살렘을 향해 진군한다. 종교적 열광을 배경으로 총수만 10만 명에 달했다고 하는데, 각지에서 약탈을 거듭하다 반격을 당하고 멸망했다.

② 1218년에 예루살렘왕국의 장 드 브리엔왕이 아유브조의 본거지 이집트를 습격하여 일어난 전투를 제5차 십자군 원정이라고 보고 총 8차라고 하는 견해도 있다.

중세의 문예

교회 주도의 예술에서 세속의 예술로 발전

중세 초기의 문학을 담당한 것은 성직자와 수도사였다. 특히 베네딕토회(146쪽) 수도사는 수행으로 책을 필사했는데 머지않아 국왕이나 주교 등의 요청으로 성인전과 역사문학 등을 쓰게 된다. 하지만 전부 라틴어로 쓰여 있어 각 나라의 국어인 속어를 썼던 서민은 접하기 어려웠고 내용도 기독교적 구도정신에 입각한 내용이 대부분이었다.

그러다 교회의 부속학교가 보급된 12세기 무렵부터 속어문학이 대두하기 시작했다. 소재는 《아서왕 이야기》(8쪽)나 《롤랑의 노래》(14쪽) 같은 기사도 이야기나 《니벨룽의 노래》처럼 신화를 넣은 서사시가 많았다.

★ 12세기 전반에 그려진 로마네스크 양식 히화.

✴ 평면적에서 사실적으로

13~14세기에는 문예 장르도 늘어나서 프랑스에서는 우의와 계몽정신을 담은 《장미이야기》가 탄생했고 이탈리아에서는 단테가 《신곡》을 썼다. 영국에서는 기사도 로망스와 풍자, 익살 등 온갖 장르를 집어넣은 《캔터베리 이야기》가 완성되었다.

문학과 마찬가지로 음악도 중세 초기에는 교회의 전례 성가에서 발전했다. 9세기부터 사람들이 부른 이러한 성가들의 집대성이라 할 수 있는 단선율의 성가를 그레고리오 성가라고 한다. 같은 9세기에 등장한 오르가눔이라고 하는 다성 음악도 12세기 이후에 크게 발전한다. 한편, 세속 음악은 종글뢰르(jongleur)라는 거리음악가 중 음유시인으로 활동하는 이들이 등장하여, 민중의 요구로 중세의 번성기부터 무곡 등을 선보였다. 11세기 들어서면 왕후귀족의 비호를 받는 트루바두르라는 서정시인이 등장하는데, 이 중에는 아키텐 공 기욤 9세처럼 직접 가곡을 만드는 귀족도 있었다.

회화와 조각은 성당건축(136쪽)과 연동하여 발전했는데, 평면적 묘사의 로마네스크양식에서 더 사실적이고 장식적인 고딕양식으로 옮겨갔고 레오나르도 다빈치, 미켈란젤로, 라파엘로 등이 대활약하는 르네상스로 이어졌다.

✴고딕시대에 이탈리아를 대표하는 화가 시모네 마르티니가 1328년에 그린 성 아고스티노 노벨로의 세폭 제단화. 평면적이던 로마네스크양식보다 표현이 사실적이다.

✴ 13세기, 이베리아반도의 레온 왕국과 카스티야왕국의 왕이었던 알폰소 10세가 편찬한 《성모 마리아 칸티가(Cantigas de Santa Maria)》에는 다채로운 악기가 그려져 있는데 당시 음악적으로 얼마나 풍요로웠는지를 짐작할 수 있다.

중세의 학문

이슬람권에서 온 고전 고대 문화

◆◆◆

　고대 말기, 플라톤, 아리스토텔레스의 철학과 피타고라스, 아르키메데스의 수학, 에우클레이데스의 기하학, 히포크라테스, 갈레노스의 의학 등 우수한 그리스 헬레니즘 학문의 중심지는 대도서관이 있던 알렉산드리아의 무세이온과 아카데메이아와 리케이온 등이 있는 아테네였다.

　하지만 기독교가 로마제국의 국교가 되고 나서 이러한 학문들이 이교의 학문이라며 배척 대상이 되었고 6세기까지 많은 학자들이 동방의 사산조 페르시아로 몸을 피해야 했다. 이어서 7세기에 정통 칼리프 시대의 이슬람교단이 사산조를 정복하자 그리스 헬레니즘 문화가 아랍어로 번역되어 퍼지면서 이슬람 문화와도 융합되어 발전했다.

★ 14세기에 그려진 볼로냐 대학의 강의 모습. 볼로냐대학은 학생들이 조직한 통업소합(길드)에서 발전했다. 한편 파리대학처럼 교사 길드에서 발전한 대학도 있었다.

✬ 각지에 대학이 설립되다

서구 세계가 고전 고대 이후의 문화를 접한 것은 십자군전쟁으로 이슬람 세력이나 비잔틴 제국과 교류하기 시작한 11세기 말 이후의 일이다.

그 결과, 기독교 교리가 담긴 신학을 그리스 철학에 입각한 이성적 이론으로 체계화하려는 스콜라학이 융성하며 토마스 아퀴나스와 윌리엄 오캄 같은 신학자, 철학자를 배출했다. 1088년에 설립된 볼로냐 대학을 필두로 유럽 각지에 대학이 설립된 것도 이 시기다. 그 전까지는 학문을 배울 곳이 교회에 부속된 학교밖에

없었으나 대학이 생기면서 부유해진 서민의 자제가 신학과 이슬람권에서 들어온 법학, 의학을 배우게 되었다. 그 후 대학교육은 문법, 수사학, 변증법, 산술, 천문학, 기하학, 음악의 '자유칠과(리버럴 아츠, liberal arts)'를 일반교양으로 배운 뒤에, 신학과 법학, 의학 등을 상급 학부에서 배우는 형태가 확립됐다. 이후 각 대학마다 신학으로 고명한 파리 대학, 법학에 강한 볼로냐 대학, 의학으로 유명한 살레르노 대학과 몽펠리에 대학, 자연과학 연구가 활발한 옥스퍼드 대학과 케임브리지 대학 등으로 특색이 나오게 된다.

주요 대학

케임브리지 대학(1209년)
옥스퍼드 대학(1096년?)
쾰른 대학(1388년)
프라하카렐 대학(1348년)
파리 대학(1215년)
하이델베르크 대학(1386년)
빈 대학(1365년)
오를레앙 대학(1306년)
파도바 대학(1222년)
볼로냐 대학(1088년)
바야돌리드 대학(1241년)
몽펠리에 대학(1289년)
시에나 대학(1204년)
살라망카 대학(1218년)
로마 대학(1303년)
코임브라 대학(1290년)
나폴리 대학(1224년)
살레르노 대학(1231년)
무르시아 대학(1272년)

대학으로 조직되기 이전에 이미 9세기에 의학교가 설립된 것으로 보인다. (130쪽)

중세의 세계관
유라시아와 아프리카가 세계의 전부

✦✦✦

　기독교가 정신문화를 지배하던 중세 유럽의 세계관은 성서가 중심이며 그와 모순되지 않은 범위에서 고대 그리스 헬레니즘 문화를 수용한 것이었다. 일반적으로는 세계는 창조주인 하느님이 만들었고 만물은 불, 공기, 물, 흙의 4원소로 이루어졌다는 인식이 지배적이었다. 한편, 중세에는 기독교 세계관을 표현한 '마파문디'라는 지도가 활발하게 제작되었는데 이를 통해 당시의 지리적 공간 인식을 엿볼 수 있다. 시대에 따라 다르지만 동쪽이 위고 예루살렘이 세계의 중심이며 위쪽에 아시아, 왼쪽 아래에 유럽, 오른쪽 아래에 아프리카가 있고 그 주변은 온통 바다로 둘러싸여 있다. 그리고 지도 안에 여행자가 보고 들은 정보와 전설의 괴물이 정밀하게 그려 있다.

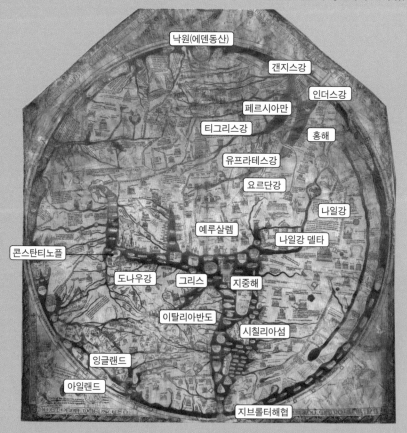

★ 1300년경에 그려진 '헤어포드' 마파문디.

제 6 장

중세 유럽의
국왕과 영주

봉건사회의 성립

국가 권력의 보호가 없었던 시대의 사회 체제

◆◆◆

　　중세 서구사회의 기본은 토지와 거기에 매어있는 농노와 농민을 영주가 지배하는 장원제(74쪽)이지만, 그 영주층에도 주종관계가 있었다. 주군이 가신에게 봉토를 주고 보호(군사지원과 재판에서의 변호)를 약속하는 대신, 가신은 군역과 출사로 주군에게 봉사하는 토지를 통한 봉건적 주종관계로. 이것을 '봉토(레헨제도, Lehen制度)'라고 한다.

　　원래는 대토지 소유자에게 토지를 빌려주는 대신, 지대와 노역을 제공하는 고대 로마의 은대지제도와 유력가를 수행하는 종사가 되는 대신에 무기와 옷, 음식을 제공받는 게르만 사회의 종사제도가 결합된 것이라고 한다. 봉토 제도는 서로마제국이 멸망한 후, 그리고 프랑크 왕국이 분열된 후, 강력한 국가 권력에 의해 권리와 보호 제도가 뒷받침되지 못했던 중세 특유의 정치, 사회체제였다.

★봉건적 주종관계를 맺을 때 치르는 경의식 '오마주(Hommage)'의 모습. 가신이 될 사람은 무릎을 꿇고 합장한 손을 내밀어 경의를 표한다. 주군이 될 사람은 그 손을 양손으로 감싸며 가신으로 받아들인다는 의사를 표현했다. 개중에는 쌍방의 의무를 서면에 적기도 했다.

✦ 교회와 영주의 힘은 쇠퇴 경향

서구 중세의 봉건 제도는 영주 개인 간의 쌍무적 계약 관계였다는 점에 특징이 있다. 가령, 주군이 성실 의무를 위반했다면 가신은 반항할 권리가 있고 주종 관계를 해체하거나 가신 한 명이 여러 명의 주군을 섬길 수도 있었다. 또 주종 관계는 기사가 제후(귀족)를 섬기고 제후가 국왕을 섬기는 중층적 관계였는데, 가신이 주군과 주종 관계를 맺어도 그 주군의 주군과는 주종 관계가 성립되지 않았다. 그러다 보니 권력구조가 복잡해져서 국왕이 정점이 되는 단순한 계급구조가 형성되지 않았다. 국왕도 '봉건영주 중의 1인자'라는 입장에 불과했고, 신성 로마 황제도 '선제후' 선거로 뽑혔기 때문이다.

서구 중세의 정치사도 이러한 왕후 귀족의 권력구조에 교회 권위가 끼어든 복잡한 체제에서 농업혁명과 도시의 발흥에 의한 장원제의 변질, 흑사병(페스트)에 의한 사회의 쇠퇴, 거듭된 전화로 영주층의 몰락을 거치면서 상대적으로 국왕 권력이 강화됨으로써 근세의 절대왕정으로 이어졌다.

[봉건사회의 기본이 되는 장원제도]

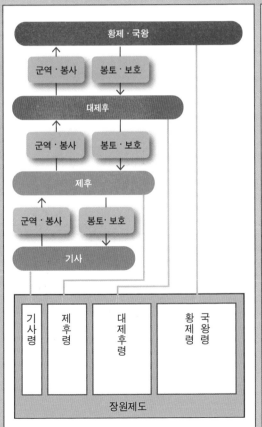

[봉건사회의 주종관계]

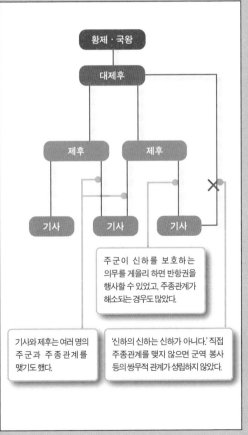

왕권의 신장

왕권을 강화한 사회변혁

◆◆◆

'영주 중 일인자'였던 국왕의 권력은 14~15세기에 크게 신장한다. 우선, 화폐경제가 발전한 11~12세기 이후, 농노 해방이 시작되며 봉건제를 지탱하는 장원제가 붕괴되고 영주층이 몰락하기 시작한다. 농노해방의 움직임은 흑사병(128쪽)이 휩쓸고 지나간 후에 농민의 지위가 향상되면서 빠르게 진행됐다. 영주층 중에는 증세와 부역의 부활 등 '봉건 반동'으로 영민을 다시 지배하려던 자도 있었으나 농민들은 자크리의 난과 와트 타일러의 난 등 대규모 반란을 일으키며 이에 대항했다.

연이은 전쟁으로 피폐해진 영주 층이 몰락이 결정적이 되는 사이 국왕은 도시의 시민 계급(부르주아)에게 상업 활동을 보호해주는 대가로 거액의 자금 원조를 받으며 왕권을 강화했다.

★반란군을 고무하는 성직자 존 볼. 그림 왼쪽 아래 붉은 옷을 입은 인물이 와트 타일러다. '와트 타일러의 난'은 존 볼과 와트 타일러의 지휘로 일어났다.

✨ 왕권이 종교 세력을 제압하다

세속권력과 맞먹는 또 하나의 권위였던 교황권은 십자군전쟁(158쪽)과 연동하여 11~13세기에 최전성기를 맞이한다. 하지만 그 사이 국왕은 후계자 없이 전사한 기사와 제후의 영지를 몰수하며 힘을 키웠다.

1291년에는 예루살렘 왕국의 도시 아크레가 함락되며 십자군은 실패로 끝이 났다. 이에 따라 교황의 권위에 상처가 나자 그 직후인 1303년에는 프랑스왕 필립 4세가 대립하는 교황 보니파시오 8세를 로마 교외로 유폐시키는 아나니 사건이 일어난다. 이어서 1309년에는 교황청을 남프랑스 아비뇽으로 옮기는 '교황 바빌론 유수(아비뇽 유수)'가 일어나고, 이후에 교황은 프랑스왕의 감시를 받게 되었다.

아비뇽 유수는 교황청이 로마에 돌아온 1377년에 끝나지만 이듬해 1378년에는 우르바노 6세를 교황으로 선출한 이탈리아 추기경에게 프랑스 추기경이 반발. 아비뇽에서 대립 교황을 옹립하는 교회 대분열(Schisma, 대시스마)이 일어났다.

이러한 일련의 사건으로 교황의 권위는 땅에 떨어지고 종래 교황이 담당해 온 세속권력 간의 분쟁 조정 역할도 기능하지 않게 되어 백년전쟁과 장미전쟁으로 이어졌던 것이다.

[왕권강화에 이르는 중세 서유럽 연표]

843년	베르됭 조약으로 프랑크 왕국이 중프랑크, 서프랑크, 동크랑크로 세 분할
870년	메르센조약으로 현재의 이탈리아, 프랑스, 독일의 영역이 출현
875년	이탈리아왕국(중프랑크)에서 카롤링거가 단절
911년	동프랑크 왕국에서 카롤링거가가 단절되고 선거 왕정의 독일 왕국으로 이행
927년	앵글로 색슨 7왕국이 통일되고 잉글랜드왕국이 성립
962년	독일왕이자 이탈리아왕이던 오토 1세가 신성로마황제로 대관
987년	서프랑크 왕국에서 카롤링거가가 단절되고, 카페조 프랑스 왕국이 탄생
1035년	나바라 왕국의 분할 상속으로 카스티야 왕국, 아라곤 왕국이 탄생
1066년	노르만 콩퀘스트로 노르만조 잉글랜드 왕국이 성립
1095년	클레르몽 공의회에서 교황이 십자군 원정을 제창
1122년	보름스 협약으로 성직 서임권이 교황에게 있음을 확인
1198년	인노첸시오 3세가 교황으로 취임
1291년	예루살렘 왕국이 함락되고 십자군이 종결
1303년	아나니 사건
1309년	아비뇽 유수(교황의 바빌론 유수) 개시(~1377년)
1337년	백년전쟁 발발(1339년이라는 설도 있다)
1348년	흑사병(페스트)이 전 유럽에 확산
1358년	프랑스에서 자크리의 난이 발발
1378년	아비뇽에서 대립교황 클레멘스 7세가 옹립되며 교회 대분열이 시작(~1417년)
1381년	잉글랜드에서 와트 타일러의 난이 발발
1429년	오를레앙에서 잔다르크 등장(22쪽)
1453년	백년전쟁이 종결되고 잉글랜드가 대륙에 소유했던 영토를 거의 전부 상실
1455년	장미전쟁 발발(~1485년)
1479년	스페인왕국(카스티야·아라곤 연합왕국) 성립
1492년	그라나다 함락으로 레콩키스타 완료

★ 아나니 사건을 그린 19세기의 회화. 성직자 과세문제로 교황 보니파시오 8세와 대립하던 프랑스왕 필립 4세가 교황을 로마 남동의 아나니에 유폐. 교황은 분을 못 이기고 죽었다.

성채의 시설

신병기의 등장으로 변화한 성채

중세 서구세계에서 성채가 등장하는 것은 10세기경의 일이다. 프랑크 왕국의 분열에 더해 북방에서는 노르만인 침입, 동방에서는 마자르인의 침입을 받자 각지의 장원 영주가 스스로를 지키기 위해 보루(요새)를 쌓게 된 것이다.

그 대표적인 형태가 '모트앤드베일리(motte and bailey)형'으로 '모트'라고 하는 작은 산 중심에 흙을 쌓아 '베일리'라는 둔덕을 만들고 그곳에 저장고와 주거, 경우에 따라서는 교회를 지은 뒤 그 주위에 목책을 세우고 해자를 팠다. 모트의 정상에는 영주가 사는 '킵(keep, 주탑, 망루)'이라는 목조탑을 세웠으나 11~12세기가 되면 킵도 석조로 바뀌고 목책도 석조로 된 성벽으로 대체된다. 또 킵을 성벽으로 이중삼중 막는 집중식 성곽(동심원 성곽)도 등장한다.

★ 15세기의 사본에 그려진 커튼월(curtain wall)식 성곽. 측방탑은 성벽을 오르려고 하는 공성병을 측면에서 쏘기 위해 성벽에서 튀어나온 형태로 세워진다. 성문에는 도개교와 내리닫이 쇠창살문(Portcullises)이라고 하는 수직 슬라이드식 문을 달았다.

✹ 성은 전투 요새에서 왕궁화한다

13세기가 되자 견고한 성문과 높은 성벽, 측방탑이 있는 커튼월식 성곽(위곽성곽)을 지었다. 측방탑은 주력 공성병기가 된 투석기(캐터펄트)로 인한 타격을 줄이기 위해, 사각형에서 원통형이 주류가 된다. 킵은 군사적인 중요성이 저하되며 거의 폐기되고 영주는 더 쾌적하게 살 수 있는 저택에서 살게 되었다.

15세기에 접어들면 대포가 실전 투입되며 공성전의 양상이 변한다. 그때까지 높이를 중시하던 성벽은 대포의 공격에도 견딜 수 있게 두께를 중시하게 되었고 15세기 중반 이탈리아에서는 돌출된 능보끼리 공성군을 측면에서 공격할 수 있게 설계된 능보식 성형요새도 지었다. 이로써 영주가 사는 주거로서의 성과 방어거점으로서의 요새는 분리되고, 성은 주거성과 호화로움을 중시한 왕궁이 되었던 것이다.

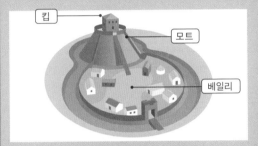

★ 모트 앤 베일리형 성곽

★ 15세기 중반에 나온 《트로이 전쟁(Siege of Troy)》에 들어 있는 삽화. 집중식 성곽을 공격하는 공성군은 화살과 대포로 공격하고 지하도를 파서 성벽을 붕괴시키는 전술도 자주 썼다.

★ 13세기 프랑스에서 쓰인 《십자군 성서(Crusader Bible)》. 성서에 나오는 장면을 그린 일러스트를 묶은 책으로 옆에 나오는 그림은 '사무엘기'의 한 장면이다. 투석기 등 중세의 공성전을 연상케 하는 그림이다.

★《베리 공의 아주 호화로운 시도서》 3월에 그려진 집중식 성곽(동심원 성곽). 안쪽의 성벽을 더 높게 지어서 바깥쪽의 성벽이 공격에 무너진 경우에도 유리하게 싸울 수 있게 고안되었다.

중세 유럽의 세계유산 ③ 성채

유럽 각지에 남아 있는 중세의 성

◆◆◆

11세기 이후, 중세의 성채가 석조로 바뀌며 현재까지 남아있는 성채가 많아졌다. 모트 앤 베일리 (Motte and bailey)형을 그대로 간직한 성과 도개교가 있던 커튼월식 성곽(위곽 성곽), 여기에 능보식 성형요새까지 있는 중세의 성은 대부분 세계유산에 등록되어 있다.

★ 몬테벨로성

세계유산이 된 주요 성채

11세기에 첫 보루를 쌓았고 16세기 전반에 현재의 모습이 완성되었다. 17세기 동화작가 샤를 페로가 쓴 〈잠자는 숲속의 미녀〉의 무대라고 한다. 그 외에도 세계유산 〈쉴리 쉬르 루아르와 샬롱 사이에 있는 루아르 계곡〉의 구성 자산으로는 잔다르크(22쪽)가 샤를 7세를 알현한 시농 성과 잔다르크가 진군할 때 랭스 대주교에게 축복을 받은 블루아 성 등 수많은 성이 있다.

노르만조 초대국왕의 윌리엄 1세가 1078년에 건설을 명했던 요새. 현재의 모습이 된 것은 13세기경으로, 리처드 1세 사자심왕(30쪽)도 해자를 정비했다. 또 17세기까지는 왕궁으로 사용되었는데, 안에 조폐소와 천문대, 왕립동물원도 있었다.

1067년에 튀링겐백의 명령으로 건설을 시작한 성채로 그 후, 증개축을 거듭하며 왕국으로서의 존재감이 강해졌다. 12~13세기에는 궁정에서 노래경연대회가 열렸다고 하며, 바그너는 그 일화를 바탕으로 오페라 〈탄호이저〉를 작곡했다. 또, 종교개혁 때는 마틴 루터가 숨어 있었다고 알려졌다.

런던탑

바르트부르크성

위세성

몬테벨로성

팔마노바도시 요새

16세기에 베네치아공화국이 오스만제국에 대한 방어거점으로 지은 도시요새. 아홉 개의 능보를 가진 능보식 성형요새로 이탈리아에서는 1세기 중반부터 이러한 요새가 지어지기 시작했다.

벨린초나 거리를 둘러싸듯이 지어진 세 개의 성채 중 하나. 성은 13세기에 지어져 15세기에 성벽이 완성됐다. 모트 부분에 탑이 세워지고 중정(베일리)은 2개로 나뉘고 그 안에 주거가 줄지어 서 있다. 중정에 들어가기 전 내리닫이 쇠창살문과 도개교를 거친다.

카스텔 델몬테(델몬테성)

신성로마황제 프리드리히 2세의 명령으로 13세기에 지어진 성. 중정을 감싸고 있는 팔각형 성벽의 8개의 각에 팔각형의 측방탑을 배치한 기하학적인 평면구조로 지어졌다. 이탈리아의 1유로센트 주화의 디자인에도 쓰였다.

★바르트부르크성.

★카스텔 델 몬테(델몬테성).

왕궁에 사는 사람들

가령을 필두로 왕실을 관리하는 기관

중세 초기, 프랑크 왕국에서는 왕이 사는 왕궁이 따로 없었다. 군사와 사냥, 겨울나기 등 필요에 맞게 왕의 생활을 봐주는 사람들과 각지에 있는 관저로 옮겨 다녔다. 이런 왕실을 도맡아 관리하는 최고직이 궁재라는 직책이었는데, 궁재는 머지않아 정무와 재무, 군사 면까지 두루 관리하며 절대 권력을 휘두르게 된다. 8세기에는 투르 푸아티에 전투에서 이슬람군을 무찌른 프랑크 왕국의 궁재인 카를 마르텔의 명성이 높아졌고 751년에는 그의 아들 피핀 3세가 메로빙거 왕가를 대신해 카롤링거조를 열었다.

그 후, 프랑크 왕국이 분열되고 각지의 영주가 스스로를 지키기 위해 성채를 쌓기 시작하는 10세기경이 되면 국왕도 수도 왕궁에 머물게 된다. 왕궁 생활의 시작이다.

★ 프랑스왕 샤를 5세의 대관식 모습을 그린 14세기 후반의 사본.
대시종 부르봉공이 샤를 5세에게 왕화를 신겨주고 있나.

🌸 이후의 행정·군사기구의 모형이 되다

궁재란 직책은 '가령'이란 의미의 '세네샬(sénéchal, 프랑스)'이나 '스튜어드(steward, 영국)' 등으로 계승되었지만, 과거처럼 권력이 집중되지는 않았다. 이런 가령의 관리 아래 시종과 시녀, 요리사, 마구간 관리인, 목수, 대장장이, 전령, 성직자 등이 왕궁에 모여 살았다.

성직자는 당시로서는 드물게 '글을 쓸 수 있는 사람'이라는 이유로 국왕의 서기관을 맡았고, 서기관은 머지않아 잉글랜드 왕국의 '대법관' 같은 행정장으로 발전했다. 이 밖에 원래는 마구간지기를 부르는 호칭이던 'Constable'도 군의 총사령관을 지칭하는 호칭이 되었듯이 11~13세기경에는 왕실 기관에서 파생된 행정, 군사기관이 잇달아 체재를 정비했다.

이들 말고도 왕을 수호하는 기사와 견습기사, 왕령으로 징용된 병사와 문지기, 왕의 비호를 받던 작가와 시인, 예술가도 있었다. 이들은 외교 면을 고려하여 체재를 정비한 왕궁의 예시인데, 제후도 이러한 왕궁을 모방하여 궁정문화를 발전시켰다.

왕궁에 사는 사람들

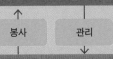

왕가(국왕·왕비·왕자·공주 등)

↑ 봉사 관리 ↓

가령
왕궁의 가사기관의 수장이지만, 왕가의 사사로운 일뿐만 아니라 공무도 관할했다. 권한은 강해서 유력한 귀족 등에서 뽑히는 경우가 많았다.

왕실을 관리하는 기관

시종·시녀
왕이나 왕비 등의 신변을 보살폈다.

집사(버틀러)
원래는 급사로 주류와 식기 등을 관리했으나 머지않아 시종 등 사용인 전체를 관리하게 된다.

대시종·대실장
왕의 침실과 의복을 관리하던 시종에서 파생된 자리로 대귀족이 맡아서 하는 중요한 직책이 되었다.

전령
문서통신담당. (124쪽)

요리사
왕가의 요리를 담당

마구간지기
왕의 말과 마구를 관리하는 자리. 훗날 군의 총사령관으로 파생된다.

목수·대장장이
대장장이는 원래 왕이 타는 말의 편자를 만들었는데, 목수와 나란히 이런 저런 시설과 도구를 만들게 되었다.

기타

성직자
왕궁 내의 교회를 관리하는 것 외에 왕의 비서관의 역할도 하게 된다.

기사·견습기사
왕의 호위역. 수하의 졸병이나 시동을 데리고 왕궁에 거주하는 경우가 있었다.

시인·예술가
왕과 왕비의 비호를 받으며 기사도 문학과 서사시, 음악을 만들었다.

귀족의 계급

오늘날에도 여전히 존속하고 있는 귀족제도

◆◆◆

　　근대 일본의 화족제도에 쓰이던 '공작·후작·백작·자작·남작(오작)'의 작위는 중세 유럽에서 확립된 귀족제도를 중국의 작위호칭에 맞게 유용한 것이다. 노르망디공 윌리엄 'William, Duke of Normandy(영국)'과 오스트리아공 레오폴트 5세 'Leopold V, Herzog von Österreich(독일)', 파리백 위그 카페 'Hugues Capet, Comte de Paris(프랑스)'에서 '공'과 '백'은 공작과 백작의 작위를 가리키는 말이다. 봉건제도(166쪽)의 원칙에서 보면 중세의 귀족제도는 국왕이나 황제가 봉토를 주면 봉공을 하는 쌍무적 봉건관계를 맺은 신하에게 세습되지 않는 작위를 주는 것이었다. 하지만 프랑크 왕국의 분열과 노르만인, 마자르인의 침입으로 나라가 혼란에 빠지자 왕권이 약해지며 상대적으로 힘을 키운 지방의 유력 영주들이 작위를 세습하게 되었다.

★ 오스트리아의 상징, 붉은색과 흰색 깃발을 들고 행진하는 오스트리아의 변경백 레오폴트 1세(940?~994).

🌟 변경 귀족은 지배지의 왕과 같은 존재가 된다

세습된 계급으로는 '변경백'이 전형적이다. 원래는 카를 대제(12쪽)의 시대에 영토를 늘린 프랑크 왕국이 국경을 지키려고 스페인과 오스트리아, 브란덴부르크 등에 파견한 지방 장관이었으나, 넓은 영토와 군사력을 보유하고 있었기 때문에 중앙의 힘이 약해지자 세습 제후화되었다. 현재의 프랑스, 스페인 국경 일대에 세워진 스페인 변경백령의 경우, 영토가 더 많은 백작령으로 분할 통치되고 있었지만, 그 중 유력제후들이 9~11세기에 걸쳐 나바라 왕국과 아라곤 왕국 등으로 독립했다. 참고로 스페인 변경백령의 하나였던 우르헬 백령은 훗날 통치권을 넘겨받은 우르헬 주교가 프랑스 왕으로부터 공작 작위를 받아 안도라 공국을 세웠고 현재에도 존속하고 있다. 또 작위는 왕권이 강화된 13~14세기에 걸쳐 국왕에 의한 인가제가 되어 현재의 제도로 정비되었다.

[중세유럽에서 확립된 작위와 서열]

한국어	영어	프랑스어	이탈리아어	독일어
대공 왕을 제외한 왕족과 왕족에게 분가한 가장 등	그랜드듀크	그랑듀크	그란두카	에르츠헤르조크 그로스헤르초크
공작 과거에는 변경백을 공작이라고 했다. 왕족에게도 주어진 작위	듀크 프린스	듀크(Duc) 플랜스	두카 프린치베	헤르초크 프린츠
선제후 신성 로마 제국 황제의 선거권을 가진 귀족	프린스 엘렉터	프랑스 일렉터	프린치페 엘레토레	쿠르퓌르스트
후작 과거의 변경백과 일정한 영역을 지배했던 유력귀족 등	마퀘스(Marquess)	마르키	마르케제	퓌르스트
변경백 프랑크 왕국이 설치한 지방장관. 현재의 독일북동부 브란덴부르크 변경백을 제외하고 공작과 후작으로 칭하게 되었다.	마그레이브	마르그라브	마르그라비오	마르크그라프
백작 로마제국의 속주정무 보좌관 '코메스(Comes)'에 유래. 프랑크 왕국 시대에는 작은 지역 지방관에 주어졌던 작위.	얼 카운트	콩트	콘테	그라프
자작 부백작이라고 하며 프랑크 왕국 시대는 백작의 보좌관에 주어졌다.	바이카운트	비콩트	비스콘테	비체그라프
남작 왕과 직접 봉건관계를 맺은 귀족에게 주어졌다. 영국에서는 후작에서 남작까지를 '로드(경)'라는 경칭으로 부른다. 공작 이상은 '프린스'.	배런	바론	바로네	프라이헬
준남작 영국에서 17세기에 창설된 작위. 준남작 이하의 경칭은 '서(Sir)'.	바로넷	바로네	바로네토	-
기사 말 위에서 싸우는 전사의 명예칭호.	나이트	슈발리에	카발리에레	리터
향사, 신사 원래는 프랑스에서 기사의 견습기사에게 주어지던 호칭. 평귀족.	에스콰이어 젠트리	에퀴에	노빌레	융커 애들러

왕후 귀족의 문장

전장에서 개인을 식별하기 위해 탄생한 문장

◆◆◆

현재도 유럽 각국에 남아 있는 왕후귀족의 문장이 등장한 것은 10세기경으로 추정된다. 당시는 기사가 사슬 갑옷과 투구로 전신을 무장하는 것이 정착했을 무렵으로, 난타전이 벌어지면 적군, 아군을 구분하고 개인을 특정하기가 어려웠다. 그래서 개인을 식별하기 위해 방패에 고유의 도안을 그린 것이 문장의 시초로 여겨지고 있으며, 1066년 헤이스팅스 전투가 묘사된 '바이외 태피스트리'에도 무늬가 들어간 방패를 든 기사가 그려져 있다. 이어서 11~12세기에 마상창시합(토너먼트)이 활발해지자 개인을 식별하기 위해 문장은 더 확산되었고 이윽고 집안 대대로 상속하게 된다. 또 방패 뿐만이 아니라 갑옷 위에 입는 서코트와 마구에도 문장이 들어가게 되면서 문장을 식별하고 중복된 무늬를 찾는 문장관(heralds, 헤럴드)이란 직책도 등장했다.

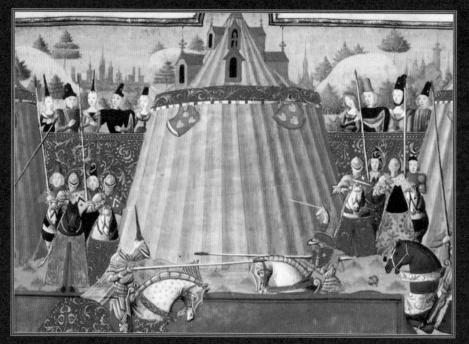

★ 장 프루아사르의 《연대기》(14세기 후반)에 그려진 투너먼트(마상창시합)이 삽화. 갑옷과 투구로 전신을 무장하고 있어 개인을 구별하는 단서가 문장밖에 없다.

✰ 문장의 디자인에는 의미가 있다

13세기경부터는 방패를 중심으로 방패를 감싸고 있는 전설의 영웅과 동물(서포터즈), 투구, 왕관, 투구장식, 투구 주위에 장식되는 늘어진 망토, 받침대, 표어(모토) 등의 부속물이 배치되었고 방패에 넣는 문장에도 점차 규칙이 생겼다.

문장의 기본은 개인을 식별하는 것이어서 다른 집안에서 사용되지 않는 것이라야 하는 것이 가장 큰 규칙이다. 방패에 그려지는 도안은 표면을 분할해 칠하는 '분할도형'과 단순한 모양을 그리는 '기하학 도형', 동물이나 환상의 동물을 그리는 '구상적 도형(차지)'의 3종류로 분류된다. 색은 기본색(빨간색, 파란색, 검은색, 초록색, 보라색)에 금속색(금색 혹은 노란색, 은색 혹은 흰색)과 또 흰 담비 모피를 구현하여 색 대신에 쓰는 '모피무늬'도 있었는데, 기본색에 기본색을, 금속색에 금속색을 칠하는 등 같은 계열의 색깔을 겹치면 안 된다는 원칙이 있었다.

결혼이나 영지 통합으로 다른 가문의 문장을 더할 때는 방패 안을 2분할 혹은 4분할하여 문장을 조합했다. 또 특별한 공훈을 올리면 군주에게 '가증문(加增紋)'을 하사받기도 하는데 그 때도 방패 안을 분할해서 가증문을 더했다.

영국의 국장

✰영국왕실의 문장이 국장이다.

헬멧
대개 지위를 나타낸다. 영국에서 황금색에 붉은색은 국왕이나 황태자를 의미한다.

서포터즈
이 경우에 황금색 사자는 잉글랜드왕가, 유니콘은 스코틀랜드왕가를 상징하고 합쳐서 연합왕국의 인장이 된다.

모토
DIEW ET MO DROIT(프랑스어). 영국왕가의 모토, 직역하면 '신과 나의 권리'란 뜻으로 '왕은 신의 은총을 받고 있다'라고 해석할 수 있다. 왕권은 신이 내린 것이라는 뜻이다.

크라운
왕가, 귀족만 쓸 수 있다.

방패 모양
전투에 참가한다는 표시로 주로 남성이 썼으나 점차 유명무실해졌다. 안에 그려지는 문양에 다양한 의미가 있고 주로 가계와 훈장 같은 영예를 나타낸다.

가터훈장
HONI SOIT QUI MAL Y PENSE(중세 프랑스어). '악의를 가진 자에게 화가 있으라'란 뜻으로 가터훈장은 잉글랜드에서는 최고의 훈장이다. 최고의 훈장이 왕가의 문장에 들어가 있다. 모토와 함께, 결과적으로 영국왕가와 프랑스의 관계가 공고하다는 것을 보여준다.

[분할도형의 예]

[기하학 도형의 예]

[구상적 도형의 예]

왕궁의 생활

국왕과 영주를 중심으로 한 생활

국왕과 영주의 하루는 아침에 일어난 후에, 목욕하고 머리를 감는 것에서 시작된다. 몸치장을 하고 나면 성안의 교회에서 아침 예배를 드리고 빵과 포도주, 혹은 에일 등의 가벼운 아침식사를 한다. 그 후, 오전에는 가령을 비롯한 고위 관리들과 영지 경영이나 영내의 재판, 외교 등에 대해 논의하고, 주변 나라의 정보를 보고 받고, 대처해야 할 일에 대해 결단을 내렸다. 손님이 있는 경우는 아내와 함께 손님을 접대했고 매사냥에 데리고 나가기도 했다. 점심식사는 호화로운 코스 요리로, 음유시인의 연주와 함께 읊조리는 노래를 들으면서 느긋하게 식사를 즐겼다. 오후에는 일하기도 했지만 정원 산책이나 독서 등으로 여가를 보내거나 환담을 나누며 시간을 보냈다. 저녁식사는 점심만큼 호화롭지 않고 비교적 간단하게 먹었다. 저녁 식사를 마치면 가족과 환담을 나누거나 음악을 즐기고 잠자리에 들었다.

🌟 현대와 그리 다르지 않은 왕궁 안의 일상

이러한 일상 생활 중간에 영민의 요구사항을 듣거나, 상인과 상담을 하기도 했다.

부인은 시종과 시녀에게 지시를 내리고 청소와 빨래 등의 집안일과 육아를 했으며 남은 시간에는 시녀와 환담을 나누거나 음유시인의 노래를 듣거나 시를 짓기도 했다. 성안의 아이들은 교회에서 성직자에게 라틴어를 배웠다.

기사는 견습기사들과 함께 성 경비를 맡았고 집사와 함께 영지 경영 회의에 나오기도 했다. 그리고 나머지 시간은 오로지 마술과 무예 훈련에 썼다.

시종과 시녀, 요리사는 주인이 기상하기 전부터 일을 시작했고 집사와 부인 등의 지시에 따라 주인에게 필요한 잡다한 일이나 잔심부름을 했다.

🌟 〈천국의 작은 정원〉이라는 15세기 독일의 회화. 궁정 부인들이 여가를 보내는 모습이 그려져 있다.

🌟 1200년대 독일 왕후귀족의 복장. 왼쪽부터 황후, 공작, 백작이 서 있고 오른쪽 끝에는 신성로마황제 프리드리히 2세.

🌟 1400년대 프랑스 왕후 귀족의 복장. 왼쪽부터 종교기사단원, 공주, 서민의 딸, 공주, 국왕, 부르고뉴공 필립 3세, 공주가 나란히 서있다.

←🌟《베리 공의 아주 호화로운 시도서》(1월). 신년 축하로 열린 제후의 정찬 모습. 요리는 고기 요리가 중심이고 나이프로 직접 잘라서 손으로 집어 먹었다. 프랑스에서 포크와 식사 작법을 들여온 것은 16세기 프랑스왕에게 시집온 이탈리아의 카트린느 드 메디시스라고 한다.

중세의 전쟁

전쟁의 대규모화로 전술에 변화

중세에는 십자군과 레콩키스타 같은 이교도(이슬람교도)와의 전쟁이나 알비주아 십자군, 후스전쟁 같은 이단과의 전쟁, 노르만인과 마자르인 등 이민족과의 전쟁, 그리고 왕후와 귀족 사이에 전쟁이 벌어졌다. 중세 초기, 귀족간에 벌어진 전쟁은 대부분 '페데(Fehde)'라고 하는 사투(156쪽)였다. 이는 명예가 더럽혀졌다거나 그렇다고 생각한 시점에서 치러지는 복수전인데, 신명재판의 측면도 있어서 승자는 하느님의 정당한 심판을 받았다고 여겼다. 페데는 이름을 걸고 결투 선언을 한다는 일정한 규칙이 있었는데, 그것이 귀족 간의 규칙이었고, 농촌 등에 대해서는 약탈도 이루어졌다. 그래서 교회는 10세기경부터 교회는 '하느님의 평화' 운동을 펼치며 무장하지 않은 주민에 대한 파괴, 약탈 행위를 막으려고 했다.

★ 지역 분쟁에서 국가 간 전쟁으로

페데에 대한 교회의 호소는 그 효과가 미미하여 전쟁이 일어나자 농민은 가족과 가축을 데리고 숲과 인근 마을로 피신했다. 비전투원에 대한 공격은 질서 없이 이루어졌으나 전투원 간 전투에서는 서로 싸울 장소를 정하고 싸우다 해가 지면 자신의 진영으로 물러나는 목가적인 면도 있었다. 또 야전에 패해도 신분이 높은 사람은 몸값을 받기 위해 살려주는 경우가 많았는데, 신분이 낮은 병사는 가차 없이 죽인 뒤 몸에 걸친 장비와 재물을 빼앗았다.

농성전의 경우, 패한 성채와 도시에서는 약탈과 주민 학살이 조직적으로 이루어졌다.

영주 간 소규모 분쟁이 주류였던 중세 초기에 비해 분쟁의 조정기관이었던 교황권의 몰락과 왕권의 신장된 13세기 말경부터는 스코틀랜드 독립전쟁과 백년전쟁, 장미전쟁, 이탈리아 전쟁 등 전쟁은 국가 간 차원으로 대규모화되었다. 이에 따라 전력 중심은 말을 타고 돌격하는 중장기병에서 롱보(장궁)를 든 보병대로, 나아가 대포와 용병(186쪽)의 철포대로 변화에 변화를 거듭하며 절대왕정시대의 상비군으로 이어졌다.

[중세 유럽의 주요 전쟁]

732년	투르푸아티에 전투	프랑크 왕국이 이베리아반도에서 북상하는 이슬람세력을 격파
955년	레히펠트 전투	동프랑크왕 오토 1세(훗날 초대 신성로마황제)가 마자르인의 침공을 격파
1066년	헤이스팅스 전투	노르망디공 윌리엄이 왕위 계승권을 주장하며 잉글랜드왕 해럴드를 격파. 노르만조를 열고 윌리엄 1세로 즉위(노르만 콩퀘스트).
1073~75년	색슨 전쟁	신성로마황제 하인리히 4세(28쪽)가 작센대공령의 귀족반란을 진정
1096~1291년	십자군 원정(158쪽)	
1209~29년	알비주아 십자군(154쪽)	
1215년	배런전쟁(제1차)	마그나 카르타(Magna Carta, 대헌장) 인가를 거절한 잉글랜드의 존 왕에게 제후가 봉기
1297년	스털링 다리 전투	윌리엄 월리스(18쪽)가 이끄는 스코틀랜드군이 잉글랜드군을 격파. 스코틀랜드 독립전쟁 시작(~1328년)
1302년	쿠르트레 전투	기병 중심의 프랑스군이 창보병으로 밀집 종대 전술을 펼친 브뤼헤의 도시시민군에 대패. 시민군이 전리품으로 기사의 황금 박차 700개를 빼앗았다고 하여 '황금 박차 전투'라고도 하며 기사 몰락의 단초가 되었다
1314년	배넉번 전투	스코틀랜드 독립전쟁의 일환
1337년	백년전쟁 발발(~1453년)	
1346년	크레시 전투 (백년전쟁)	궁병대와 말에서 내려 싸우는 하마기사가 주력이던 잉글랜드군이 프랑스군에 승리
1415년	아쟁쿠르 전투 (백년전쟁)	프랑스군도 하마기사를 채용하고 중장기병에 잉글랜드 궁병대의 배후를 찌르는 작전을 세웠으나 말뚝으로 방어한 궁병대를 돌파하지 못하고 프랑스군이 패퇴한다
1419년	후스전쟁	이단 취급을 받던 후스파의 거점인 프라하시 가 파문을 선고받자 후스파가 봉기. 신성로마제국은 후스파에 맞서기 위해 십자군을 파견하지만 결국에는 1439년, 후스파 내부에서 온건파와 급진파가 대립하고 제국과 결탁한 온건파가 급진파를 물리치며 종결
1428년	오를레앙 포위전 (백년전쟁)	1429년, 잔다르크(22쪽)가 등장
1453년	카스티용 전투 (백년전쟁)	프랑스군이 잉글랜드군을 격파하고 백년전쟁이 종결.
1455년	장미전쟁	랭커스터 가(붉은 장미)와 요크 가(흰 장미) 사이에 벌어진 잉글랜드 왕위를 둘러싼 내란. 1485년에 랭커스터 가의 계승권이 있는 튜더 가의 헨리 7세가 요크 가를 쓰러트리고 튜더조를 열었다.
1494년	이탈리아 전쟁 발발	나폴리 왕국의 계승권을 주장하고 침공했던 프랑스군에 맞서 신성로마제국과 스페인 왕국이 반격. 그 후에도 밀라노 공국의 계승을 둘러싸고 발로아 가(프랑스)와 합스부르크 가(스페인, 신성로마제국)가 대립하다 1559년 카토-캉브레시스 조약 으로 종결.

←★ 14세기에 쓰여진 장 프루아사르(Jean Froissart)가 쓴 《연대기》의 삽화. 속사성이 우수한 롱보(longbow, 장궁)를 쓰는 잉글랜드군에 비해, 크로스보(석궁)를 주력으로 하는 프랑스군이 열세에 몰렸다.

중세의 기사

'기사도'란 이데올로기가 낳은 '귀족≒기사'의 구도

　　기사란 말을 타고 싸우는 기마병을 가리키는데, 중세 초기의 전력의 중심은 기마병이 아니라 보병이었다. 기사가 전장에서 중요한 지위를 차지하게 된 것은 11세기 중반부터. 그 이전의 기사는 귀족과 자유농민의 중간에 위치한 신분이고 또한 교회가 10세기경에 '하느님의 평화' 운동(182쪽)을 펴서 파괴와 약탈을 막으려고 했던 것에서 알 수 있듯이 난폭하고 호전적이라는 이미지가 있었다.

　　그러나 기사의 중요성이 커진 11세기 후반부터 교회는 그들을 감화시켜 통제하기 위해 기사에 '그리스도의 전사'라는 이미지를 부여한다. 이를 구현한 십자군전쟁(158쪽)이 서구세계를 열광시킨 12세기 전반에는 아서왕 전설(8쪽)이나 샤를마뉴 전설(14쪽)이 서사시로 나오며 '기사도'가 인기를 끌었다.

　★ 14세기 전반 무렵에 나온 독일의 시가집 《마네세 사본》에 그려진 삽화. 중세 기사들은 귀부인 앞에서 용맹한 모습을 보여줄 수 있는 마상창시합(토너먼트)을 일삼았다. 주군과 기독교에 대한 충성 및 여성에 대한 봉사가 이상적인 기사도 정신으로 여겨졌다.

★ '기사'는 명예 칭호화되어 간다

'기사'는 숭고한 전사라는 인식이 퍼지면서 본래는 왕후 귀족의 가신인 '기사'를 귀족들도 자처하게 되면서 '귀족≒기사'라는 구도가 생겼다. 부유한 자유농민과 도시 시민 중에서 스스로 말을 타고 무장을 하고 기사가 된 자가 등장한 것도 이 무렵으로, 개중에는 주군의 친족인 과부나 아가씨와 결혼하여 귀족 계급의 반열에 오르는 경우도 있었다. 또한 봉토를 얻고 성주, 다시 말해 소귀족이 된 기사도 있었다.

하지만 이렇게 기사의 신분이 높아지자 기사의 지위로 여겨지는 우아한 궁정생활과 고액의 기사 서임식 등의 지출이 커지며 13세기경부터는 경제적 이유로 기사가 되지 못하고 기사의 시중을 드는 '견습기사(squire)'에 그치는 사례가 늘어났다. 또 국왕이 왕권강화의 일환으로 기사 신분의 수여권을 점유하게 되면서 기사는 명예로운 칭호가 되어 누구나 얻을 수 있는 신분이 아니게 되었다. 그리고 14세기 이후에는 전술의 변화와 화기의 등장으로 전장에서 기사의 중요성 자체도 미미해졌다.

★ 헤이스팅스 전투(1066년)를 그린 '바이외 태피스트리'의 일부. 이 전투에서 노르망디군의 중장기병이 잉글랜드의 보병대를 무찌르는 원동력이 되자 기마병의 중요성이 널리 알려졌다. 이것이 기마병(Cavalry)이 기사(Knight)라는 독특한 호칭으로 진화하는 원인이 되었다.

★ 12세기경 프랑스 기사. 사슬갑옷에 머리 전체를 덮는 투구를 착용하고 있었다.

★ 14세기경 이탈리아 기사. 사슬 갑옷은 더 고가의 판금 갑옷으로 대체되었다.

중세의 용병

중세 이후의 용병이 각국군의 주전력에

◆◆◆

　　중세 말기, 기사를 대신하여 전장에서 주력이 된 것은 용병이었다. 중세의 군대는 기사와 징용된 농민병으로 구성된 봉건군이 기본이었는데, 기사에게 부과된 군역 기간은 연간 40~60일 정도였다. 그래서 전쟁이 길어지면, 봉건 귀족들은 다시 보수를 주고 기사를 붙잡거나 새로운 전력을 고용해야 했다. 화폐경제가 발달한 11~12세기경부터는 십자군의 퇴조로 활약할 자리를 잃고 밥줄이 끊어진 기사와 상속 대상에서 제외된 기사의 둘째아들, 셋째아들 등이 돈을 받고 고용되는 용병으로 전장에 투입되기 시작한다. 용병은 고용주에게 받는 보수 외에도 전장에서 약탈하거나 포로의 몸값을 받아 수입을 챙겼고 전쟁을 일부러 연장시켜 고용주에게 보수를 올려 받았는데, 이로 인해 평판이 나빴다.

★ 1513년에 쓰인 《루체른 연대기》의 삽화. 스위스의 장창 보병이 부르고뉴군을 격파하고 용담공 샤를(Charles le Temeraire)을 패사시킨 '낭시전투(1477년)'의 모습. '낭시전투'는 로렌공국 대 부르고뉴공국의 전쟁으로 로렌공 르네가 스위스에서 용병 약 1만 명을 고용하여 승리했다.

⭐ 강력한 용병단이 형성되다

14세기가 되면 그들은 '콘도티에로(condottiere)'라고 하는 용병대장 밑에서 조직화된 용병집단을 형성해 국가와 계약을 맺는다. 잉글랜드 출신의 존 호크우드가 이끌던 '백의단(White company)'이 그 전형으로 전쟁이 끊이지 않았던 이탈리아 도시공화국에 고용되었다. 또 백년전쟁으로 몰락한 귀족과 기사의 대체전력으로 제노바 노궁병 등을 용병으로 고용하게 된다. 백년전쟁이 끝나고 일어난 부르고뉴전쟁(1474~77년)에서는 우수하고 강하다고 알려진 부르고뉴공국군을 격파한 스위스보병이 주목을 받았다. 이후, 스위스 용병은 프랑스 왕국과 로마교황청에 고용되었고 그때부터 용병수출이 그 나라의 중요한 산업이 되었다. 현재도 바티칸 시국의 경비를 스위스 용병이 담당하는 것은 그 흔적이다. 그 외에도 스위스 용병을 모델로 하여 독일에서 만든 란츠크네히트(Landsknecht)는 근세와 근대를 통해 각국 군대의 주요 전력이 되었다.

[유명한 콘도티에로(용병 대장)]

존 호크우드(John Hawkwood, 1320~1394년)
잉글랜드의 무두질 장인의 아들로 태어나 백년전쟁에 종군하고 에드워드 흑태자로부터 기사로 책봉되기도 했다. 그 후, 용병이 되어 백의단을 통솔했고 결국에는 피렌체군 총사령이 되었다.

파치노 카네(Facino Cane, 1360~1412년)
북이탈리아의 귀족 가문에서 태어났다. 1387년에는 북이탈리아의 몬페라토 후국에 고용되어 400명의 휘하를 이끌고 주변 국들과 싸웠다.

프란체스코 부소네(Francesco Bussone, 1382?~1432년)
이탈리아 북서부의 빈농 집안 출신. 카네의 부하로 이탈리아 각지에서 싸우다, 이윽고 지휘관으로 두각을 나타낸다. 처음에는 밀라노 공국에 종사하였으나 대우에 불만을 품고 적대세력인 베네치아로 옮긴다.

페데리코 다 몬테펠트로(Federico da Montefeltro, 1422~1482년)
이탈리아의 귀족 우르비노 공작(당초는 백작)의 서자로 태어난다. 어린 시절에 인질로 베네치아에 보내져 현지에서 교육을 받은 뒤 밀라노의 용병 대장 니콜로 피치니노 밑에서 전술을 배운다. 이후, 밀라노와 베네치아, 피렌체에서 용병대장으로 활약. 1444년에는 형의 죽음으로 우르비노 공작에 오른다. 피렌체의 로렌초 데 메디치와도 친하게 지냈고 르네상스 문화의 옹호자이기도 했다.

⭐ 기발한 복장에 강한 전투력으로 유명했던 란츠크네히트. 복장이 튀어서 주변의 빈축을 샀으나 창설자인 신성로마황제 막시밀리안 1세는 죽음과 이웃한 자의 작은 즐거움이라며 허용했다고 한다.

⭐ 백년전쟁 당시 크레시 전투를 그린 15세기 사본 일부. 석궁(크로스보)을 든 제노바 노궁병이 그려져 있다.

중세의 무기

다양한 근접 무기와 날아다니는 무기의 진화

중세 유럽에서는 전술과 갑옷의 변화에 따라 다양한 무기가 고안되었다. 대표적인 무기로는 기사가 갖추는 장검과 랜스(lance, 창)가 있다. 장검은 기사 서임식에서도 사용되는 기사의 상징과도 같은 무기이고, 랜스는 마상창시합에 쓰였다. 또 대거(dagger, 단검)와 배틀 액스(battel axe, 전투용 도끼), 창에 도끼와 갈고리를 단 할버드(halberd, 미늘창), 곤봉에서 진화한 메이스(mace, 전곤 : 끝에 못 같은 게 박힌 곤봉 모양의 옛날 무기), 메이스에서 진화한 모닝스타(morning star, 가시 박힌 곤봉)와 플레일(flail, 철곤) 등이 있었다. 날아가는 무기로는 활과 석궁(크로스보, crossbow)을 빼놓을 수 없다. 특히 1000년경부터 널리 퍼진 석궁은 활 쏘는 훈련을 받지 않은 사람도 다룰 수 있는데다 위력도

컸다. 이에 위협을 느낀 기사들은 활과 석궁을 비겁한 무기라며 번번이 조롱했고 1139년 제2차 라테라노 공의회에서는 활과 노를 기독교 신자에게 사용해서는 안 된다는 금지령까지 내렸다. 그래도 석궁은 13세기경에 도시민병과 농병에게 퍼지면서 기사의 중요성이 떨어뜨렸다. 그랬던 석궁도 속사 성능이 뛰어난 장궁의 일제 사격 전술이 확산된 14세기에는 우위성이 약해지고, 장궁도 15세기 중반에 등장한 화기(화승총)로 대체된다.

★ 코로널이라는 세 개의 날이 달린 랜스(창)를 들고 있는 로마황제 막시밀리안 1세(1459~1519). 오스트리아 출신이라서 오스트리아의 상징인 붉은색과 흰색 줄무늬를 몸에 걸쳤다. 랜스란 손으로 드는 창으로 길이는 3~4m 가량. 마상창시합(토너먼트)에서는 랜스 손잡이를 손과 옆구리에 고정하고 수평으로 잡은 상태에서 상대에게 돌진한다. 나무 손잡이에 금속제의 뾰족한 날을 붙인 것도 있었고, 갓모양의 날 밑을 붙인 것도 있었다.

✭ 전설의 검 주와이외즈

중세의 기사도 이야기에는 아서왕(8쪽)의 '엑스칼리버'와 롤랑(12쪽)의 '뒤랑달' 등 중요한 아이템으로 영웅들이 애용하는 검이 나온다. 이 중, 카를 대제(샤를마뉴)(12쪽)의 '주와이외즈'는 프랑스 왕권의 상징으로 역대국왕에게 계승된 것으로 알려졌다. 현재, 루브르 박물관에는 나폴레옹이 대관식에 사용했던 주와이외즈가 전시되어 있는데, 그것이 실제로 카를 대제 때부터 이어져 내려온 것인지는 알 수가 없다.

✭ 루브르 박물관에 전시되어 있는 주와이외즈.

✭ 대거(단검)
양날의 단검. 기사는 장검과 함께 대거도 갖고 다녔다.

✭ 장검
길이는 1m 가량, 칼날은 폭이 7~9cm 쯤 되고 대부분 양날이다. 날밑이 세로로 긴 십자가 모양의 외형이 일반적이다.

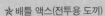

✭ 배틀 액스(전투용 도끼)
노르만인(바이킹) 등이 즐겨 쓰는 전투용 도끼. 두 손으로 드는 대형 도끼 외에 한 손용의 전 도끼는 던지는 도끼로도 사용되었다.

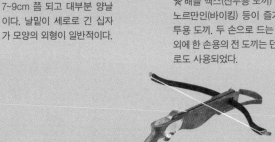

✭ 석궁(크로스보)
중국에서는 기원전에 발명되었으나 유럽에 보급된 것은 11세기에 들어선 무렵부터였다. 톱니바퀴를 회전시켜서 줄을 세팅하는 석궁 외에 허리에 찬 갈고랑이를 줄에 걸고 발로 꾹꾹 눌러 세팅하는 석궁도 있었는데, 어느 것이나 연사, 속사에는 맞지 않았다.

✭ 화승총(matchlockgun, 매치락건)
그림은 16세기 인도에서 그려진 초기의 화승총. 15세기 전반, 중국에서 발명된 검은색 화약이 전해지자 공성병기로서 대포가 등장하고 뒤이어 보병총이 이탈리아 전쟁(1494~1559년)에서 본격적으로 도입되었다. 이후, 전술은 총기를 가진 보병(대부분 용병)의 집단전으로 바뀌었고 전쟁터에서의 기사의 역할도 끝이 났다.

중세의 발명
훗날 대항해시대로 이끄는 발명품

✦✦✦

    중세 유럽의 과학기술은 이단을 배척하는 교회의 폐쇄적인 분위기(154쪽)로 인해 발전이 더뎠다는 견해가 많다. 하지만 그런 가운데서도 중량유륜 쟁기(77쪽)의 발명과 삼포제 농법(77쪽)의 도입으로 농업혁명이 일어났듯 혁신은 일어났다. 또 건식 나침반과 야고보의 지팡이, 아스트롤라베처럼 대항해시대를 준비하는 중요한 발명품도 이때 탄생했다.

기계식 시계(1300년경 : 북이탈리아~남독일)
추가 중력으로 떨어지는 힘을 동력으로 하여 일정한 속도로 톱니바퀴를 돌리는 시계. 교회의 탑에 설치되어 기도시간을 알리는 종을 울렸다. 16세기 초엽에는 태엽을 감는 휴대형 시계도 발명되었다.

수직형 풍차(12세기 후반 : 잉글랜드)
바람을 받은 프로펠러 부분과 회전력을 전달하는 기구 부분, 수직축의 지주가 제분장치를 받치고 있어 프로펠러 방향을 풍향에 맞게 바꿀 수 있었다.

아스트롤라베(13세기 전반 : 이탈리아)
천문 계산과 측량 기능을 갖춘 천체 관측용 기구. 발명 자체는 고대 그리스에서 했으나 이슬람 세계를 거쳐 13세기 전반에 이탈리아 피사에 들어온 것으로 보인다. 15세기에는 독일에서 위도 측정 기능에 특화된 항해용 아스트롤라베도 발명되었다.

안경(13세기 후반 : 이탈리아)
베네치아 유리가 유명하듯, 투명도가 높은 유리 제작으로 이름 높던 북이탈리아에서 얼굴에 거는 타입의 안경이 발명되었다. 발명자의 이름은 전해지지 않는다.

건식 나침반(1300년경 : 이탈리아)
종래의 나침반은 물에 띄워서 사용했으나 1300년경에는 지침을 축에 끼우는 건식 나침반(드라이 나침반)이 발명되었다.

★1403년 출판된 《동방여행기(존 맨더빌 지음)》의 삽화(부분). 배위에서 건식 나침반을 보는 선원이 그려져 있다.

제이콥의 스태프(14세기 : 프랑스, Jacob's staff)
간이측량기로 '제이콥의 지팡이'라고도 한다. '제이콥의 지팡이'라는 별칭이 있는 간이측량기. 북극성과 태양의 고도각을 측정하여 위도를 확인하는 도구로 훗날 항해용 아스트롤라베와 육분의로 대체되었다.

★1403년경에 독일의 화가 콘라드 폰 소스트가 그린 제단화의 일부. 당시 안경은 귀에 거는 식이 아니라 코 위에 걸치게 되어 있었다.

★17세기 후반에 그려진 제이콥의 스태프의 사용법을 설명한 그림.

중세의 환상 속
동물과 괴물

드래곤

Dragon

용을 죽인 기사를 영웅으로 만들어주는 존재

    용신신앙 등 숭배의 대상이기도 한 동양의 용과 달리 서양의 드래곤은 악의 상징으로 여겨져 드래곤 슬레이어(용을 죽이는) 기사나 성인의 손에 퇴치되는 경우가 많다. 모습도 큰 뱀(이무기)에 가까운 동양의 용에 비해 단단한 비늘을 가진 도마뱀에 가까우며 날개가 있어 하늘을 날고, 입에서는 독과 불을 뿜어낸다. 보물을 지킨다는 설정도 흔하게 볼 수 있다. 8세기경에 성립된 서사시 《베오울프》에 등장하는 드래곤은 위에 열거한 요소와 설정을 전부 갖추고 있어 드래곤이 가진 이미지의 원형으로 평가된다.

    - 거인을 퇴치하고 데네(덴마크)의 왕이 된 영웅 베오울프는 보물을 빼앗긴 드래곤이 백성을 습격하자 드래곤 퇴치에 나선다. 하늘을 날고 불을 뿜는 드래곤에게 고전하던 베오울프는 결국 드래곤과 일전을 벌이다 숨을 거둔다. 신하들은 드래곤에게 얻은 보물과 함께 왕을 땅에 묻는다.-

★ 1200년경에 나온 《애버딘 동물우화집》의 삽화. 고대 그리스로마에서는 아프리카와 인도에 코끼리와 소를 목 졸라 죽이는 큰 뱀이 있다고 전해듣고 이를 드라콘, 혹은 드라코라 불렀다. 중세에 접어들면 네 발과 날개를 가진 괴물로 발전한다.

★ 13세기 후반에 그려진 《신학잡기(Theological Miscellany)》의 삽화. 날개를 지니고 불을 뿜는 드래곤이 그려져 있다.

★ 15세기에 나온 삽화가 있는 《동방견문록》에 그려진 드래곤의 나라. 현대의 감각으로 말하자면 무서운 괴물이라기보다는 오히려 귀엽게 느껴지지만 최강의 괴물로 나온다.

Gargoyle

가고일

성벽에 목을 드러낸 괴물

대성당의 빗물받이 조각상으로 알려진 가고일의 일화를 알아보려면 기독교 포교기인 중세 초기로 거슬러 올라가야 한다.

프랑스 북부 루앙에 사는 사람들은 센 강가의 동굴에 사는 괴물(용이라고도 한다) 가르구유(Gargouille)에게 시달리고 있었다. 가르구유는 홍수를 일으킬 정도로 엄청난 양의 물을 입에서 쏟아내는가 하면 작열하는 불을 뿜어내고 폭풍을 일으켜 마을에 큰 타격을 주고 있었다. 그래서 루앙 사람들은 매년 살아있는 인간 제물을 바쳐 가르구유를 달래야 했다. 7세기 초에 루앙을 방문한 성 로마누스 주교는 주민이 세례를 받고 마을에 교회를 짓는 조건으로 괴물 퇴치를 약속한다. 로마누스는 죄인 두 명을 데리고 가서 미끼로 던져놓고 그 틈에 십자가로 가르구유를 발밑에 굴복시킨 뒤, 루앙 마을로 데리고 와서 불에 태워 죽였다. 하지만 목과 머리가 너무 강해 불에 타고 남자 루앙 사람들은 이것을 마을의 성벽에 걸어놓았다.

이후로 교회의 빗물받이로 괴물 가고일을 본뜬 조각상이 장식되었다고 한다.

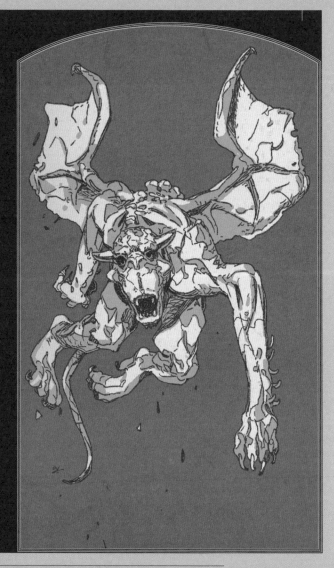

★ 런던의 웨스트민스터 사원 외벽에 장식된 가고일은 960년에 베네 딕토회 수도승이 설치한 것이다.

★ 19세기 프랑스 화가 기 욤 카바송이 그린 루앙의 성 로마누스와 가르구유.

★ 파리의 노트르담 대성당의 지붕에 장식된 가고일 조각상. 파리 시가지를 내려다보는 구도로 유명한데, 빗물을 받는 역할 은 하지 않아서 정확히는 가고일로 볼 수 없다는 견해도 있다(프랑스어 Gargouille에 빗물받이, 홈통이라는 뜻이 있다-역주).

유니콘

예수 그리스도를 상징하는 일각수

◆◆◆

일각수 유니콘은 고대 그리스·로마시대부터 실존했던 동물로 기록되었다. 권력자들은 유니콘 뿔에 해독효과가 있다고 믿고 유니콘 뿔로 만든 잔을 찾으려 거금을 썼다. 성격이 공격적인 유니콘은 뿔과 발굽으로 코끼리도 쓰러트렸다고 한다. 그런 유니콘을 방심하게 하는 방법이 딱 하나있는데, 유니콘은 순결한 처녀를 보면 넋을 잃고 다가가 그 무릎에 머리를 맡기고 잠이 든다는것이다. 이 습성을 아는 사냥꾼은 처녀를 미끼로 유니콘을 생포하여 왕에게 데리고 가서 뿔을 잘랐다고 한다.

이 유니콘 전설이 예수 그리스도의 삶을 비유했다는 설도 있다. 처녀는 성모 마리아이고 마리아에게 몸을 맡긴 유니콘은 예수를 상징한다. 예수를 처형하라고 명한 유대인 총독 빌라도는 왕, 잘린 뿔은 다름 아닌 십자가다. 그리고 간계를 써서 유니콘을 잡은 사냥꾼은 유대인을 상징함으로써 암암리에 반대유주의를 정당화한다는 이야기도 떠돈다.

★ 13세기 영국인 바르톨로메우스 앙글리쿠스 (Bartholomaeus Anglicus)가 지은 《물질의 성질에 관한 책》의 번역 사본(15세기 후반)에 그려진 유니콘. 실존하는 다른 동물과 함께 그려져 있는 걸로 보아 유니콘도 실제 존재하는 동물이라 여겼음을 알 수 있다.

★ 13세기에 나온 《로체스터 동물우화집》에서, 기사가 여성을 미끼로 이용하여 유니콘을 공격하고 있다.

CHAPTER | 7 | 중세의 환상 속 동물과 괴물 |

Kraken

크라켄

뱃사람들을 공포에 몰아넣은 바다 괴물

◆◆◆

크라켄은 주로 북유럽에 전해 내려오는 바다 괴물이다. 1753년에 폰토피단 주교가 쓴 《노르웨이 박물지》에 따르면 크라켄의 등 둘레는 1.5마일(2.4km)쯤 되고 해초로 뒤덮여있어 작은 섬처럼 보인다고 한다. 또 천지창조 때 탄생한 2마리의 거대 해양생물로 이 세상의 종말까지 살아남으리라는 전설도 있다. 13세기 중반 노르웨이에서 집필된 《왕의 거울》에 등장하는 '하프구바(hafgufa)'도 크라켄이라고 하는 설이 있는데, 한편에선 고래라는 설도 있다.

고대와 중세에서 바다 괴물의 전승은 뱃사람들 사이에서 공포와 함께 전해 내려오다 거기에 대왕오징어 등의 목격정보가 더해지며 어느 틈엔가 배를 통째로 바다 속으로 끌고 들어가는 상상 속 거대한 두족류 마물로 변했다고 볼 수 있다.

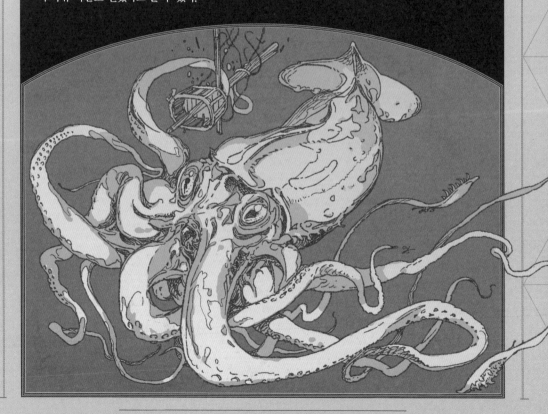

★ 프랑스 박물학자 피에르 드니 드 몽포르(Pierre-Denis de Montfort)가 1801년에 발표한 거대 문어의 일러스트. 앙골라 앞바다에서 거대생물의 습격을 받았다고 하는 프랑스인 선원의 기술을 토대로 그려졌다고 한다.

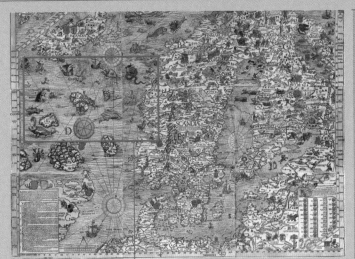

★ 16세기에 스웨덴 종교가이자 지리학자 올라우스 마그누스가 작성한 북유럽의 해도 〈카르타 마리나〉. 지도와 함께 각종 해양생물도 그려져 있다. 배를 습격하는 괴물도 많아 당시 배여행이 얼마나 위험했는지를 짐작해볼 수 있다.

★ 해도 '카르타 마리나'에서는 노르웨이 바다에 다채로운 바다 괴물이 출몰한다. 북해 주변에는 괴물이 그려져 있지 않다.

골렘

Golem

비술로 태어난 진흙 인형

◆◆◆

골렘은 유대교에 전해지는 움직이는 진흙 인형이다. 진흙이나 흙을 반죽해 인형을 만들어 랍비(설교사) 사이에 구전되는 비밀의 주문을 읊으면 움직이기 시작한다. 이마에는 히브리어로 진실을 의미하는 'אמת'라고 쓰인 부적을 붙였는데, 'א'을 지우고 죽음을 의미하는 'מא'만 두면 와르르 무너져서 흙으로 돌아갔다. 한 번 만들어진 골렘은 점점 거대해진다는 전승도 있다. 또한 순서를 지키지 않고 만든 골렘은 주인의 명령을 듣지 않고 거칠고 사나웠다.

가장 유명한 골렘 전설로는 16세기 말 뢰브(Leeuw)라는 프라하의 랍비가 만든 골렘 '요셉'이다. 뢰브는 요셉을 만들어서 반유대주의자의 박해로부터 유대인 거주지역을 지켰다. 그 후, 실수로 요셉이 난동을 부리자 흙으로 돌려놓았으나 요셉이 언제라도 부활할 수 있도록 뢰브는 잔해를 시나고그(유대교 회당)의 지붕 뒤에 감춰놓았다. 1883년, 시나고그를 개축할 때 아무 것도 나오지 않았으나 지금도 프라하의 어딘가에 요셉의 잔해가 숨어 있다고 전해진다.

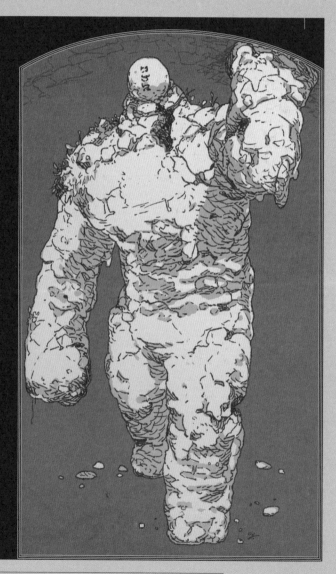

바실리스크

Basilisk

살상력이 높은 뱀의 왕

바실리스크는 뱀의 왕으로 머리에 수탉처럼 볏이 있다고 한다. 고대 로마의 박물학자 플리니우스가 1세기에 지은 《박물지》에 따르면 다른 뱀처럼 기어 다니는 게 아니라 몸의 중간부터 머리를 꼿꼿이 세운 자세로 직진해서 다녔고 입김을 후 불기만 해도 키 작은 나무와 돌이 파괴되었다고 한다. 몸이 그렇게 길고 크지는 않지만 독성이 아주 강해서 기마병이 창으로 찌르면 창을 타고 전해진 독이 병사만이 아니라 말까지 죽였다. 시선에도 살상능력이 있어 쳐다보기만 해도 죽었다고 한다. 천적은 족제비로 냄새를 맡으면 죽는다는 기록이 있다.

중세가 되면 괴물 이미지가 강해져서 거대한 뱀이란 인식이 생긴다. 여기에 수탉이 뱀이나 두꺼비 알을 품었다 부화하면 바실리스크가 된다는 전승까지 더해지며 바질리코크와 코카트리스라는 별명과 아류까지 등장한다. 18세기 박물학자 린네는 중남미에 서식하는 이구아나과의 도마뱀에 환상의 괴물의 이름을 따서 바실리스크 속이란 분류명을 붙여주었다.

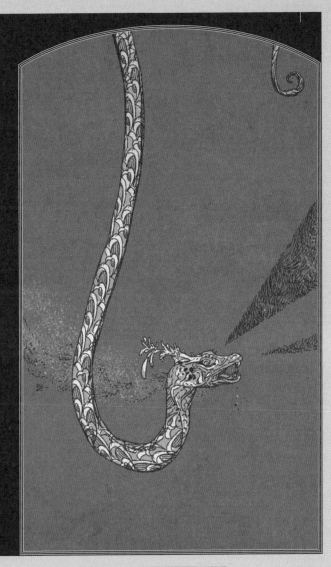

Mermaid 인어

뱃사람을 파멸시키는 아름다운 노랫소리

절반이 인간이고 절반이 물고 기의 몸을 가진 인어 전설은 바 다를 접한 전 세계 여러 나라에 이야기로 전해 내려왔다. 동양에 서는 약간 그로테스크한 모습으 로 알려졌다면 서양에서는 하반 신은 물고기고 상반신은 긴 머리 를 늘어트린 아름다운 여성의 이 미지가 대부분이다. 다만 영국에 서는 여성을 머메이드, 남성을 머맨으로 부르며 구별했다. 머맨 은 아내인 머메이드를 사랑했고 인간이 머메이드에게 위해를 가 하면 바다를 거칠게 만들어 복수 한다. 그 외에도 인어가 폭풍을 불러 배를 전복시킨다는 전승이 각지에 전해진다.

또 세이렌과 로렐라이 같은 여 성 인어는 아름다운 노랫소리로 뱃사람들을 유혹하여 바다로 끌 고 들어가거나 배를 침몰시킨다 는 전설도 있다. 한편, 프랑스의 이물교구설화로 유명한 멜뤼진 (48쪽)처럼 하반신이 뱀이 아니 라 물고기인 인어도 있다. 이렇 게 인간과 사랑에 빠지는 인어 의 계보는 안데르센의 《인어공 주》와 디즈니 애니메이션 《인어 공주(The Little Mermaid)》로 이어진다.

⭐ 서양 인어의 종류

세이렌(Seirên)

그리스신화에 나오는 바다 괴물로 상반신은 여성이고 하반신은 새라고 전해진다. 아름다운 노랫소리로 뱃사람을 유혹하여 파멸시켰는데 그리스신화의 영웅 오르페우스와 오디세우스가 유혹을 거부하자 분노한 세이렌들이 바다에 몸을 던졌다고 한다. 그 후, 중세 초기에는 하반신이 물고기인 인어로 알려지며 프랑스어 시렌과 독일어 지레네 등의 어원이 되었다.

로렐라이(Loreley)

독일 중서부, 라인강에 우뚝 솟아 있는 큰 바위에서 볼 수 있는 인어. 황금색 빗으로 머리를 빗으며 아름다운 자태로 노래를 불러 뱃사공을 홀린 뒤에 배를 소용돌이로 몰아넣어 침몰시킨다고 한다. 큰 바위가 있는 곳은 강폭이 갑자기 좁아져급커브를 이루고 있으며, 암초지역이기도 하여 배의 좌초와 침몰사고가 잇달아 일어났는데 이로 인해 생겨난 전설이라고 할 수 있다.

머포크(Merfolk, 인어족)

영국에서의 남성과 여성 인어의 총칭. 여성 인어는 고대영어에서 바다를 의미하는 'mere'와 아가씨를 의미하는 'maid'를 더하여 머메이드(mermaid), 남성 인어는 머맨(merman)이라고 부른다. 머메이드에 위해를 가한 자에게 머맨이 복수를 하거나, 뱃사람에게 '두 번 다시 땅을 볼 수 없을 것이다'라고 말하는 등 재난을 예언하거나 유발한다는 전승도 있다. 브리튼섬 남서단에 위치한 도시 젠노(zennor)에는 합창단원인 남성과 머메이드가 사랑에 빠져 둘이 함께 살았다는 전설도 남아 있다.

메로우(Merrow)

아일랜드에 전해 내려오는 인어로 영국의 머메이드와 마찬가지로 남성 인어도 있다. 모습을 드러내면 폭풍 등의 재해를 일으키는 한편, 인간과의 이물교구설화도 있는데 태어난 아이의 손에는 물갈퀴가 있다고 한다.

하브프뤼(Havfrue)

노르웨이에 전해지는 인어. 남녀가 다른데, 남성 하브프뤼는 인간에게 우호적이다. 반면에 여성 하브프뤼는 재해를 일으키고 불행을 부르며 미래를 예언하는 힘도 있다고 한다.

멜뤼진(48쪽)

프랑스의 이물교구설화에 나오는 하반신이 뱀인 생물. 하반신이 물고기인 인어로 그려질 때도 있다.

⭐ 기원전 5세기의 항아리에 그려진 세이렌. 오디세우스는 선원에게 귀마개를 주고 자신은 돛대에 몸을 묶어서 세이렌의 유혹에 대항했다.

⭐ 독일 중서부의 도시 장크트고아르스하우젠 근교에 있는 라인강의 큰 바위. 이 바위산 자체에도 로렐라이라는 이름이 붙어있다.

⭐ 19세기부터 20세기 초에 활약하던 영국인 화가 존 라인하르트 웨구엘린(John Reinhard Weguelin)이 그린 〈제너의 인어(The Mermaid of Zennor)〉.

Werewolf

인랑(늑대 인간)

마음의 어둠이 낳은 광기의 괴물

인랑, 혹은 늑대인간은 낮에는 평범한 인간이지만 밤이 되어 보름달 달빛을 받거나 늑대의 털을 걸치면 늑대로 변신해 인간과 가축을 습격한다. 늑대로 변신하는 이야기는 고대 그리스로마 시대부터 있었다. 한편, 중세 초기 게르만 사회에도 '인간 늑대'라는 독특한 풍습도 빼놓을 수 없다. 이것은 살인과 방화 등 중범죄를 저지른 사람을 늑대인간으로 지정해 일체의 인권을 박탈하는 추방처분을 내린 것으로, 늑대인간을 죽여도 죄를 묻지 않았다. 그 때문에 늑대인간으로 낙인찍힌 사람은 숲에 숨어살며 살기 위해 가축을 훔치고 스스로를 보호하기 위해 사람을 죽이는 일도 서슴지 않았다고 한다. 자신을 인랑으로 믿는 정신 질환 '리칸트로피(lycanthropy)'의 영향이라고 지적하는 의견도 있다. 금욕적이면서도 언제 죽음이 닥칠지 모르는 극도의 스트레스에 노출되었던 중세 사회에서 종종 볼 수 있었던 질환으로 실제로 인간과 가축을 습격하는 환자도 있던 모양이다. 당초에는 인랑의 존재를 부정하던 기독교회도 이들을 박해의 대상으로 보고 마녀사냥과 마찬가지로 많은 사람을 인랑으로 몰고 처형되었다.

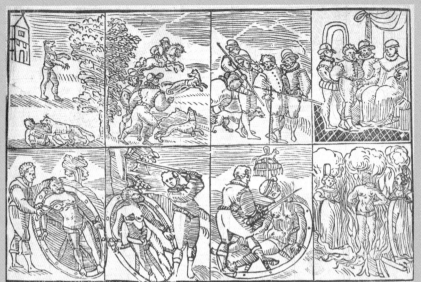

★인랑으로 처형된 독일 농민 페터 슈툼프(Peter Stumpp)의 이야기를 그린 16세기 말 목판화. 고문을 받은 슈툼프는 "늑대로 변신할 수 있는 허리띠로 16명을 살해했다"고 자백했다고 한다. 특히 16세기는 많은 인랑재판이 열리던 시대였다.

★독일인 화가 루카스 크라나흐(Lucas Cranach)의 16세기 초기의 목판화. 인랑이 사람들을 습격하는 처참한 모습이 그려져 있다. 루카스 크라나흐는 인랑을 늑대가 아닌 인간의 모습으로 그렸다.

엘프

Elf

장난끼 많은 작은 요정

◆◆◆

원래는 북유럽신화에 등장하는 작은 정령이나 요정으로 숲과 바위, 공기 중에 무리를 지으며 산다. 과거의 북유럽에서는 조상의 영혼이라 여겼고 몸 크기도 인간과 별반 다르지 않았다. 중세가 되면 스웨덴 등지에서는 요정왕과 사는 아름다운 소녀를 상상하게 되었고 여기에 수명이 길다는 특징까지 더해진다. 안개가 낀 이른 아침에는 엘프들이 원을 그리며 춤을 추는 모습을 볼 수 있다고 여겼는데, 이로 인해 버섯이 원을 그리며 자라는 균륜 현상이 엘프가 춤추던 흔적이라는 설이 퍼졌다. 영국에서는 사람도 돕지만 짓궂은 장난도 치는 요정으로 여겨진다. 근세 이후, 몸이 작다는 특징이 더해지며 셰익스피어의 《한여름 밤의 꿈》에서는 곤충만한 크기로 묘사되었다. 신비롭고 아름다운 지금의 엘프 이미지는 20세기에 톨킨(72쪽)의 《반지의 제왕》에서 확립된 것이다.

★ 아서 래컴(Arthur Rackham, 1867~1939)이 그린 셰익스피어의《한여름 밤의 꿈》일러스트.《한여름 밤의 꿈》은 1600년에 간행되어 현재에 이르기까지 상연이 끊이지 않는 인기작이다.

★ 12세기에 그려진 엘프. 당시 사람들은 엘프는 화살을 쏴 사람을 병들게 한다고 믿었다. 중세 유럽에서는 굳이 따지자면 해를 끼치는 존재로 여겼다.

★ 조셉 노엘 패튼(Sir Joseph Noel Paton, 1821~1901)이 그린《한여름 밤의 꿈》일러스트. 가운데 여성은 요정의 여왕 티타니아고 옆에는 남편인 요정왕 오베론(213쪽)이 서있다.

★ 19세기 스웨덴 화가 닐스 블롬머(Nils Blommér)가 그린 〈초원의 요정들〉(1850년). 짙은 안개가 낀 이른 아침이나 밤에 초원에선 엘프들이 춤추는 모습을 볼 수 있다는 이야기가 전해 내려온다.

★ 버섯류가 원형 모양으로 생기는 '균륜'. 이것을 영어로는 'fairy ring(페어리 링)'이나 'elf circle(엘프 서클)'이라고 한다. 엘프가 춤춘 흔적으로 보였던 모양이다.

Troll

트롤

이미지가 일정하지 않은 북유럽 정령

트롤은 스칸디나비아 반도에 전해 내려오는 정령이다. '괴상한 용모에 거한이고 거칠고 난폭하지만 지능이 높지 않다'는 이미지는 톨킨(72쪽)의 《호빗》과 《반지의 제왕》, 1974년에 발매된 롤플레잉 보드 게임 〈던전&드래곤〉에서 형성되었다.

북유럽의 민간전승에 따르면 겉모습이 일정치가 않아서 거인이라는 설과 소인이라는 설, 큰 매부리 코의 추한 외모라는 설과 평범한 인간과 다르지 않다는 설이 있다. 성질도 마찬가지로 인간에게는 이롭지도 해롭지도 않다는 설과 여성이나 아이를 납치한다거나, 다리 밑에 살며 여행자에게 못된 장난을 치고 여행자에게 통행료를 갈취한다는 설로 분분하다. 19세기에는 노르웨이의 극작가 입센이 《페르귄트》라는 작품에서 트롤을 파괴적인 존재로 그렸다.

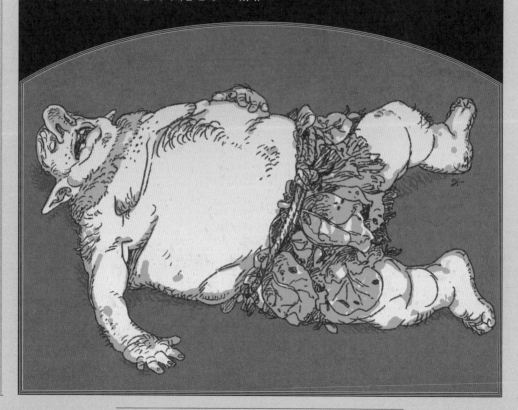

★ 스웨덴 화가 다니엘 홀름(Daniel Holm, 1835~1903)의 작품. 숲에서 나무를 베는 남성이 숲속에서 찾아온 트롤 여성에게 유혹받는 장면이 묘사되었다. 그녀의 치마에서 꼬리가 나와 있다. 이런 류의 트롤 여성을 노르웨이에서는 훌드라(Huldra), 스웨덴에서는 스코그스로(skogsrå)라고 한다.

★ 노르웨이 화가 테오도르 키텔센(Theodor Kittelsen, 1857~1914)이 그린 민간전승에 나오는 거인 트롤. 트롤은 다양한 모습으로 그려졌는데 스웨덴에서는 거인으로 믿는 사람만큼이나 인간으로 믿는 사람도 많았다면 노르웨이에서는 거인이라고 믿는 사람이 많았던 것 같다.

★ 스웨덴 화가 욘 바우어(John Bauer, 1882~1918)가 그린 트롤. 트롤은 종종 이야기 속에서 재물을 쌓아두는 것으로 묘사된다.

★ 《무민》의 저자인 핀란드의 토베 얀손(Tove Jansson, 1914~2001)은 이 캐릭터를 요정이라고 콕 집어 말하지 않았다. 하지만 이야기의 주인공 이름은 '무민 트롤'이다.

Goblin

고블린

악의적인 장난을 치는 작은 괴물

고블린은 주로 영국에서 전해지는 추하게 생긴 난쟁이 정령으로 프랑스의 고블랭과 독일의 코볼트(215쪽)와는 같은 종류의 정령이다. 보통은 숲과 동굴에서 살지만 인간의 집에서도 산다. 자는 사람의 침구를 빼앗거나 가구를 멋대로 움직이고 벽과 문을 쾅쾅 치고 도망가는 등 인간에게 짓궂은 장난을 친다고 한다. 그런가 하면, 착한 아이에게는 상을 주고, 말을 안 듣는 아이에게는 벌을 주는 등 부모나 유모의 육아를 돕는 일면도 있다.

같은 종족인 홉고블린은 오로지 인간의 집에 사는 가령(집정령)으로 장난을 좋아하는 성격은 변함이 없지만 알아서 집안일을 돕는 등 인간에게 호의적인 정령으로 여겨진다. 이러한 성질은 스코틀랜드에 전해지는 브라우니와도 공통된다. 브라우니 중에 장난이 심하면 보가트, 얼빠지고 멍청하면 도비라고 한다. 그들은 집안사람들이 옷을 주거나 별명으로 부르고 성호는 긋는 행위를 하면 사라진다고 한다.

Ogre

오거

식인 전설

◆◆◆

　오거의 전승은 전 세계에 널려 있으며, 사람을 잡아먹는 흉악한 괴물로 생김새는 인간과 비슷하지만 거인이라고 할 수 있을 정도로 몸집이 크고 짙은 수염과 머리카락으로 온통 뒤덮여 흉측한 얼굴을 하고 있다고 전해진다. 또 폭력적이고 괴력의 소유자지만 지능이 높지 않다는 특징이 있다.

　이렇게 사람을 잡아먹는 괴물은 예로부터 옛날부터 쭉 구전되어 왔으나 '오거(Ogre)'란 이름을 책에 처음 쓴 사람은 프랑스의 샤를 페로(1628~1703년)다. 페로는 형제와 함께 재치를 발휘해 식인 괴물의 손아귀에서 빠져나온 《엄지동자》나 고양이가 주인을 위해 식인 도깨비에게서 성을 빼앗는 《장화신은 고양이》에서 오거란 이름을 썼다. 《장화신은 고양이》에서는 고양이가 오거의 마술을 칭찬하는데, 이에 우쭐해진 오거가 쥐로 변신하자 곧바로 잡아먹어 퇴치한다.

난쟁이(드워프)

Dwarf

고도의 기술과 비밀스런 지식을 지닌 작은 사람들

드워프는 주로 북유럽 국가와 독일 등에서 전승되어온 난쟁이 정령이다. 아이슬란드 학자 스노리 스투를루손(Snorri Sturluson)이 13세기에 저술한 《에다(스노리의 에다)》에 따르면 드워프는 원래 북유럽 신화에 나오는 태초의 거인 이미르의 몸 안에 있던 벌레나 다름없는 존재였으나 훗날 신에게 지혜를 받았다고 한다. 특징으로는 몸이 작으면서도 힘이 세고 긴 수염을 기르고 보통은 산지의 동굴이나 지하에 산다. 고도의 금속가공기술과 비밀스러운 지식이 있어 마법의 검과 반지 등을 주조했고 몸에 걸치면 모습을 감춰주는 투명망토를 갖고 있었다고 한다. 인간을 비롯한 다른 종족에 대해서는 마음에 들면 친절하게 대해주었지만 심기를 건드리면 복수했다.

또 집단으로 살며 왕국을 세우기도 했는데 《니벨룽의 노래》에서 지크프리트(68쪽)에게 몰살당하는 니벨룽족은 드워프의 나라라고 한다. 그들에게 명검 발뭉과 투명망토를 손에 넣은 지크프리트는 용을 무찌른 영웅이 되었다.

오베론

Oberon

초인적인 힘을 지닌 요정의 왕

오베론은 과거 유틀란트 반도 (현재 덴마크 및 독일 북부)에 전해지던 소인 요정(드워프)의 왕이다. 그는 아서왕에게 엑스칼리버를 준 호수의 요정과 율리우스 카이사르 사이에 태어난 아이로, 태어났을 때 초인적 능력과 작은 몸을 받았다고 한다.

그 외에 프랑크 왕국을 세운 메로빙거가의 시조 메로베우스의 별세계의 형제라는 설도 있다. 독일에서는 알베리히 (Alberich)라는 이름으로 알려졌는데 지크프리트(68쪽)가 멸망시킨 니벨룽족 왕의 이름이 바로 알베리히였다.

또 13세기 초 프랑스에서 탄생한 기사이야기 《보르도의 유온 (Huon de Bordeaux)》에는 초인적인 힘으로 주인공을 도운 요정의 왕 오베론(Auberon)이 나온다. 영국에서는 14세기 제프리 초서와 16세기 에드먼드 스펜서의 작품에 등장했고 셰익스피어의 《한여름 밤의 꿈》에도 모든 요정의 왕 오베론(Oberon)으로 등장한다.

Dullahan

둘러한

죽음을 알리러 오는 목 없는 기사

둘러한은 아일랜드와 스코틀랜드의 일부에 민간 전승으로 전해지는 목 없는 괴인이다. 켈트의 전승에 등장하는 전투와 죽음과 태양 신 크롬 두브(Crom Dubh)의 화신이라고도 하며 보통은 갑옷을 입은 기사의 모습으로 그려진다. 곰팡이가 핀 치즈같은 색과 질감의 머리를 자유롭게 붙였다 떼었다 할 수 있으며 한손에 들고 다닌다. 눈은 늘 두리번거리고 귀까지 찢어진 입에는 섬뜩한 미소를 띠고 있다. 역시 목이 없는 검은색 말 코슈타 바워를 타거나 코슈타 바워가 끄는 장례용 마차를 타고 등장하며 둘러한이 달리다 멈춘 곳에서는 죽은 자가 나온다고 믿었다. 이렇게 해서 죽음의 전조를 알리는 것 외에도 그 집에 사는 사람의 이름을 불러서 영혼을 떼어내는 사신같은 면도 있다고 전해진다. 누군가 둘러한을 몰래 엿보다가 들키면 그 사람의 집앞에서 열어줄 때까지 계속 문을 두드리고, 문이 열리면 즉시 피를 한바가지 쏟아붓는다고 한다. 그 피에 맞은 사람은 시름시름 앓다가 죽고, 또 그 모습을 본 사람은 인간의 등뼈로 만든 채찍에 맞아 죽는다고 한다.

Kobold

코볼트

코발트라는 이름의 유래가 된 난쟁이

독일의 민간 전승에 등장하는 코볼트는 짓궂은 장난을 하는 난쟁이 정령 고블린(210쪽)과 같은 종족으로 본다. 인간의 집에 사는 집요정으로 보통은 집안일을 도와주지만 성격이 거칠어 깜박 잊고 밥을 주지 않으면 불같이 화를 낸다. 외모가 추하고 악의적인 장난을 친다는 점에서는 고블린과 다르지 않아서 집의 가재도구를 숨기거나 넘어지려는 사람을 뒤에서 발로 차 넘어뜨리기도 한다. 한편, 중세에는 광산에 사는 코볼트도 있다고 믿었다. 갱도의 암벽을 쳐서 위험을 알리거나 유력한 광맥을 알려주는 등 인간에게 유익한 경우도 있지만 갱도의 함몰과 낙반의 원인이 될 때도 있었다. 또 광부들을 속이고 가치가 없는 백은색 광석을 파게 꾀어내거나 은광석을 가치가 없는 광석으로 바꿔치기하는 장난을 좋아했다고 한다. 1735년에 이 백은색 광석에서 원소를 추출하는데 성공한 스웨덴의 화학자이자 광물학자 브란트(Georg Brandt)는 코볼트의 이름을 따서 이 원소를 코발트라고 이름 지었다.

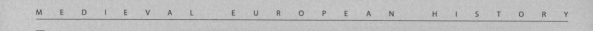

요르문간드

Jörmungandr

천둥의 신 토르와 대결한 거대한 뱀

'거대한 지팡이'를 의미하는 북유럽신화의 큰 뱀 요르문간드는 짓궂은 장난을 좋아하는 신 로키(42쪽)와 거인족 앙그르보다 사이에서 태어난 마물이다. 언젠가 신들의 위협이 될 것을 우려한 주신 오딘(40쪽)은 요르문간드를 바다에 던져버렸다. 하지만 바다 깊은 곳에서 거대하게 성장한 요르문간드는 인간이 사는 땅 미드가르드(세계)를 한 바퀴 돌고도 자신의 꼬리 끝을 물 수 있을 정도로 크게 자란다. 그래서 미드가르드 뱀이나 세계의 큰 뱀이란 별칭으로도 불린다.

세계의 종말 라그나로크(44쪽)가 일어나자 요르문간드는 육지로 올라와 오딘의 아들 천둥의 신 토르와 대결한다. 결국에는 토르가 던진 철포 묠니르에 맞고 쓰러지지만 죽는 순간, 토르에게 독을 뿜어내며 대결은 무승부로 끝냈다.

★ 스웨덴의 지리학자 올라우스 마그누스
(Olaus Magnus, 1490~1558)의 시 서펜트.

★ 밀라노 대주교관에
장식된 비쇼네 조각.

★ 1200년경 잉글랜드에서 나온《애버딘
동물우화집》에 그려진 암피스바에나. 머
리가 두 개인 쌍두 드래곤이 그려져 있다.

☀ 서양 전설 속의 큰 뱀

시 서펜트(Sea serpent)

바다에 나타나는 거대한 뱀의 총칭.《구약성서》의 〈욥기〉에서 하느님과 싸우는 리바이어던도 그 일종이라고 볼 수 있다. 일반적으로는 대왕오징어나 돌고래 무리를 착각한 것이라고 결론이 나는 경우가 많다.

하프구파(Hafgufa)

북유럽 나라에 전해지는 바다 괴물로 가만히 있으면 꼭 섬처럼 보인다고 한다. 뱀이 아니라 거대한 물고기라는 설도 제법 있다.

암피스바에나(Amphisbaena)

꼬리 끝에도 머리가 나있는 쌍두 독사. 고대 로마의 박물학자 플리니우스의《박물지》에서도 소개되었으며 주로 개미를 먹는다고 한다. 중세에는 꼬리에도 머리가 달린 드래곤으로 묘사된다.

비쇼네(Biscione)

로마교황도 배출한 이탈리아의 명문가 밀라노공 비스콘티가의 선조가 무찔렀다는 숲에 사는 거대한 식인 뱀. 비스콘티가의 문장이 되어 밀라노공국의 국장을 장식했고 현재도 밀라노시 휘장에도 들어있다. 그뿐만 아니라 자동차 제조업체 알파로메오의 엠블럼으로도 쓰이고 있다.

바실리스크(Basilisk)

맹독을 가진 뱀의 왕. (201쪽)

Griffin

그리폰

왕의 상징이 된 환상의 동물

◆◆◆

그리폰은 사자의 몸에 독수리의 머리와 날개를 가진 가공의 생물이다. 그 역사는 오래되어, 고대 페르시아에서는 기원전 3000년경부터 미술품의 모티브로 쓰였다. 이후 동지중해 연안 일대로 퍼지며 고대이집트에서는 스핑크스와 짝지어 그려지기도 했다. 고대 오리엔트 세계에서는 코카서스 지방의 산중에 살며 둥지는 황금으로 만들어졌다고 한다. 《구약성서》에 에덴동산의 문지기를 묘사하는 글이 있는데, 이 글에 나오는 문지기가 그리폰으로 추정된다. 중세에 이르면 새의 왕과 동물의 왕이 어우러져 있어 왕의 상징이 되었고 이후로 문장의 모티브로 빈번하게 쓰였다. 이후에도 각종 이야기와 전승에 등장하는데 16세기 초에는 그리폰과 암말 사이에서 태어나 독수리의 머리와 날개, 말의 몸을 가진 히포그리프도 탄생했다. 영어로는 그리핀(Griffin)이라고 하며 《해리포터》 시리즈에서는 주인공이 소속된 기숙사 이름으로 사용됐다.

Manticore

만티코어

인간의 머리와 야수의 몸을 가진 식인괴물

◆◆◆

고대 페르시아어로 '식인'이라는 뜻을 가진 만티코어는 사자의 몸과 인간의 머리를 가진 괴물이다. 또 용과 전갈처럼 꼬리에는 독침이 있고 다리는 사슴보다 빠르며 인간을 즐겨 먹는다고 한다. 기원전 5~4세기에 페르시아 왕궁에서 궁정의사로 일하던 그리스인 크테시아스가 저서 《인디카(인도지)》에서 인도에 서식하는 동물로 소개했고 고대 그리스에서는 아리스토텔레스가 《동물지》에서 다루었다. 고대 로마의 플리니우스도 《박물지》에서 마르티코라스라는 이름으로 언급했는데, 어째서인지 서식지를 에티오피아라고 써놓았다.

중세에 들어서도 각종 동물우화집에서 만티코어에 대한 글을 드문드문 볼 수 있다. 또 단테의 《신곡》 지옥편에도 나오는데, 이야기 속에서 대체로 악마적인 존재로 묘사된다. 현대에서는 1974년에 발매된 〈던전&드래곤〉의 캐릭터로 널리 알려졌다.

Greek mythology 그리스 신화의 신과 환상의 동물들

전설 속 생물의 기원이 된 신들

◆◆◆

중세 유럽에서 구전되어온 전설의 생물이나 환상의 동물, 요정은 게르만인과 켈트인 사이에서 입에서 입으로 전해 내려오던 민간전승을 바탕으로 했거나 북유럽 신화를 경유하여 전해진 것이 많다. 그들과 함께 유래나 기원이 되고 있는 것이 그리스 신화에 등장하는 신들이나 괴물이다.

특히나 가이아와 폰토스의 아들인 포르키스와 케토의 계보가 수많은 괴물을 탄생시켰다. 고르곤 세 자매의 한 기둥으로 머리카락이 뱀으로 된 메두사는 제우스의 아들 페르세우스에게 머리를 잘렸을 때 바다(=포세이돈)에 피가 떨어지며 페가수스와 괴물 크리사오르를 낳았다. 크리사오르는 칼리로에와의 사이에 하반신이 뱀인 에키드나와 머리가 세 개인 괴물 게리온을 낳았고 에키드나는 제우스를 무찌른 적도 있는 거인 티폰과의 사이에서 머리가 세 개인 개 케르베로스, 두 개를 가진 오르토스, 아홉 개의 뱀의 머리를 가진 휴드라(히드라), 사자의 머리와 염소의 동체, 뱀의 꼬리를 가진 키마이라(키메라)를 낳았다. 에키드나는 또 자신의 아들인 오르토스와 스핑크스를 낳았다.

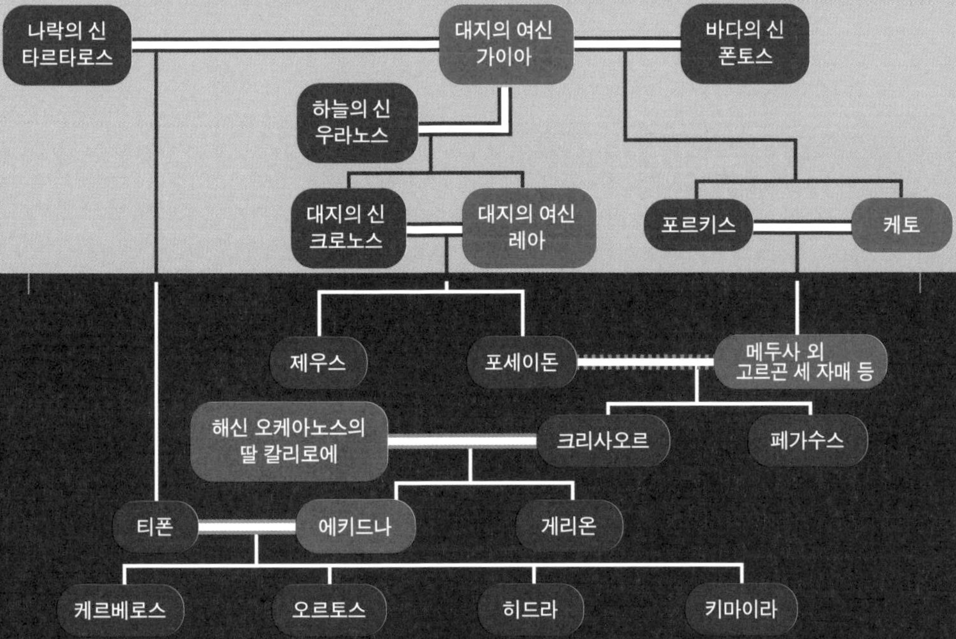

나락의 신
타르타로스

대지의 여신
가이아

바다의 신
폰토스

하늘의 신
우라노스

대지의 신
크로노스

대지의 여신
레아

포르키스

케토

제우스

포세이돈

메두사 외
고르곤 세 자매 등

해신 오케아노스의
딸 칼리로에

크리사오르

페가수스

티폰

에키드나

게리온

케르베로스

오르토스

히드라

키마이라

그림으로 보는
중세 유럽 역사

초판 1쇄 발행 • 2024년 9월 2일
지은이 • 신성 출판사 편집부
펴낸이 • 권영주
펴낸곳 • 생각의집
디자인 • design mari
출판등록번호 • 제 396-2012-000215호
주소 • 경기도 고양시 일산서구 중앙로 1455
전화 • 070·7524·6122
팩스 • 0505·330·6133
이메일 • jip201309@gmail.com
ISBN • 979-11-93443-15-6(03920)